MarkeZine BOOKS

マーケティング

デジタル時代の基礎知識

「顧客ファースト」の時代を生き抜く新しいルール

逸見光次郎
Henmi Kojiro

はじめに

　これまで「マーケティング」とは、いくつかの手法や定義を学んだプロの「マーケター」と呼ばれる人たちのものだった。

　ところが、世の中が大きく変わってきた。

「だれもがネットとスマホ（ケータイ）を使える」
「自分でたくさんの情報を調べることができる」
「いつでもどこでも買い物できる」

今はそんな時代だ。

「たくさんの人に知ってもらって」
「たくさん作ってお店に積み上げたら」
「たくさん売れる」

という時代は終わり、

「一人一人が求める情報を」
「求めるタイミングで、求める形で提案し続けて」
「何度も買い物してもらう」

という時代が始まったのだ。
　つまり、時代の変化にあわせて「マーケティング」もその意味合いが大きく変わってきているということだ。

著者自身のキャリアを振り返ると、最初は書店の店頭販売・レジ接客からスタートし、その後も小売、つまりお店やネットで「モノを売る人」だった。その売るための様々な工夫や試行錯誤、お客さんを理解する努力が「マーケティング」であると知ったのは、恥ずかしながらつい最近のことだ。

これまで、「マーケティング」は一部の人たちが理解して取り組めばよかったが、世の中の変化の中で、今では商売に関わる全ての人が、何らかの形で「マーケティング」に関わらざるを得ない状況になっている。

この本ではそうした世の中の変化に触れながら、この新しい「マーケティング」とはどういうものか、そしてその実践にはどうすればよいのかをわかりやすくお伝えしたいと思う。

また各章の終わりには、現役の7人のマーケターがマーケティングについて語ったインタビューを掲載した。本文で基本を学びながら、このインタビューを通じて、マーケティングの本質について理解を深めてほしい。

プロ向けではないので、本文中ではなるべく専門用語は使わないようにして、覚えておきたい用語は一覧でまとめる形とした。

この本が多くの商売に関わる人たちの助けになれば嬉しい。

2017年12月　逸見光次郎

CONTENTS | 目次

> CHAPTER 2

マーケティングの基本的な流れ

INTRODUCTION

マーケティングいまむかし

まずはマーケティングの歴史を簡単におさらいしておこう。マーケティングがなぜ生まれ、どう進化してきたのかを知ることで、マーケティングの「今」と「未来」が見えてくる。

No. 01

［マスメディアからネットへ］

マーケティングって いつから始まったの？

マーケティングの起源は？

本格的なマーケティングの始まりは、第二次世界大戦後の米国と言われている。「戦争に必要な軍需品」から、「生活に必要な商品」をたくさん作るようになり、「モノ不足の時代」から「モノがあふれる時代」へと変化するにつれ、「**いかに自分たちの商品・サービスを世の中の人に知ってもらうか**」が大切になってきたのだ。これがマーケティングの原点だ。

それに伴い、テレビ・ラジオCMや店頭での告知、新聞の折込や通販カタログの配布、郵便によるダイレクトメールなど、いくつもの「知ってもらう方法」が考えられ、実践されるようになった（図1）。

そうしたアプローチが学問的に整理されてきたのもこの時代だ。エベレット・M・ロジャースの『イノベーター理論』（1962年）やフィリップ・コトラーの『マーケティングマネジメント理論』（1967年）などは、今でもマーケティングの基礎理論として用いられている。いずれも顧客や市場の視点から、「どうしたらお客さんが買ってくれるようになるのか」を考えたものだ。

これらは「マーケティング学」とも呼ばれるが、原点は全て「商品・サービスがどうやったら売れるのか」「どうやったら買ってくれるのか」「どういうお金の使い方をすれば効率的に商品・サービスを知ってもらえるのか」など、「**商売上の直接的なニーズ**」から生まれたものである。つまり、**マーケティングは極めてシンプルな欲求からスタートしたもの**なのだ（図2）。

図1 消費者に「知ってもらう」ための様々な行動

通販カタログ

テレビ・ラジオCM

これ、買いに
行こうかな

消費者

新聞広告・
折込チラシ

ダイレクトメール

図2 そもそもマーケティングって何？

- ・商品やサービスはどうやったら買ってくれる？
- ・どうすれば商品やサービスを知ってもらえる？
- ・どうやったら事業として儲かる？
- ・お金はどうやって使うのが効率的？

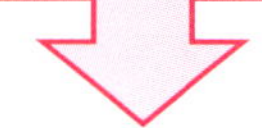

商売上の直接的なニーズから生まれたのが

マーケティング

No. 02

［マスメディアからネットへ］

CMや新聞折込の時代

かつて、マーケティングの手段として最も効果を発揮したのが「テレビ・ラジオCM」や「新聞折込」だ。

日本では昭和20年代にテレビ放送が始まり、たくさんのCMが生み出されてきた。商品を丁寧に説明するもの、タレントを起用してインパクトのあるメッセージを伝えるものなど、アプローチは様々だった(図3)。共通していたのは「ジングル」と言われる短いメロディ、ブランドロゴやブランドメッセージをCM中に必ず入れ、**視聴者に「繰り返し」伝える手法**である。

「ジャパネットたかた」の決め台詞は？

一方、ラジオCMは職業ドライバーや、夕方からの野球中継を聞く人、特定の地域向けなど、ある程度対象を絞ったCMを流すことができた。高田前社長の甲高い声と流ちょうな商品用途説明で有名な「ジャパネットたかた」も、実は同社の地元である長崎のラジオ放送からスタートしている。その後テレビ通販へと進化していったが、その決め台詞は「詳しくは明日の朝刊折込チラシをご覧ください！」というもの。**記憶が薄れるテレビ情報を、翌日の「チラシ」という形が残る媒体につなげて注文を喚起する**という、非常に有効な手法だった（衝動的注文ではないだけに、返品率も低かったはずだ）。

また、「新聞の折込チラシ」は比較的ローコストな媒体で、地域の絞り込みができ、かつ即時性もあったため、価格や商品の変化が激しいスーパーマーケットなどを中心に活用された。消費者も非常に注目していて、一時期は新聞よりも折込チラシのほうが分厚い、という時代もあったほどだ。ただ、昨今は新聞の発行部数自体が減少傾向にあり、その効果は薄れてきているが。

テレビ・ラジオにせよ、新聞にせよ、マス媒体が有効だったのは、**「大量生産・大量消費」の時代背景**も大きい。大家族でまとめて買うと安くなる。CMで宣伝しているものは生活を豊かにしてくれる。そうした「高度成長経済ならではのイメージ」も影響したはずだ。

これらのマス・マーケティングを主導したのが「広告代理店」で、マスメディアと広告出稿企業との間に立ってCM枠を整理し、その中でどの時間帯にどのような人たちにどのようなCMを流せば効果的なのかを、値付けとともに提案してきたのである。

図3 あなたはいくつ知っていますか?

有名なCMのキャッチフレーズ

1965年 元気ハツラツ(オロナミンCドリンク、大塚製薬)
1970年 それにつけても、おやつはカール(明治製菓)
1975年 さわやかサワデー(小林製薬)
1980年 ピカピカの一年生(小学一年生、小学館)
1985年 あなたをもっと知りたくて(NTT)
1990年 24時間戦えますか(リゲイン、三共)
1995年 私 脱いでもすごいんです(東京ビューティーセンター)

出典:『年表で見る日本経済　広告』(晃洋書房)

インパクトのあるメッセージで消費者に訴求する!

No. 03

［マスメディアからネットへ］

Windows 95の登場とネット時代の幕開け

Windowsがもたらした変化

1990年代になると、新しいメディアとして「インターネット」が登場する。起爆剤となったのが、マイクロソフトが1995年に発売した「Windows 95」だ。わかりやすいアイコンメニューが受けてPCユーザーが増加し、インターネットに接続する人も増えた。

2003年ごろから、接続料金が「従量課金制」ではなく「月額固定」が一般的になり、回線もブロードバンド化して通信速度が速くなると、ネットユーザーは爆発的に増加する。

ネットショッピングが増えてきたのもこのころだ。ネットの検索速度が上がり、接続料金も固定なら、ゆっくり買い物ができるからだ。それとともにメールマーケティングも活発になっている。

一方、1997年ごろには楽天市場やYahoo! JAPANのサービスが、2000年にはアマゾンジャパンがサービスを開始するなど、ネット上の各種サービスも充実してきた。

広告の場も「ネット」へとシフト！

こうした各ネットサービスの収益の中心となったのが「広告収入」である。

「バナー」と呼ばれる固定の広告をサイト上に貼るものや、ユーザーの検索キーワードにマッチした広告を表示するリスティング広告、検索した情報や一度表示した情報に基づいて何度も関連広告を表示するリターゲティングなど、様々な手法も登場した。

企業の側も、爆発的に増えたネットユーザーを見逃すわけにはいかず、争ってインターネットに広告を出稿し、マーケティングを行うことになる（図4）。

このような手法・媒体の変化とともに、「**ネットの広告代理店**」も生まれた。

従来のような「マス媒体」ではなく、「ネット全体」を媒体としたとき、どのような広告が効果を発揮するか、そのアプローチは変わってくる。**時代の変化とともに、広告代理店もその姿を変え始めた**のである。

図4 広告の場が「インターネット」へと拡大

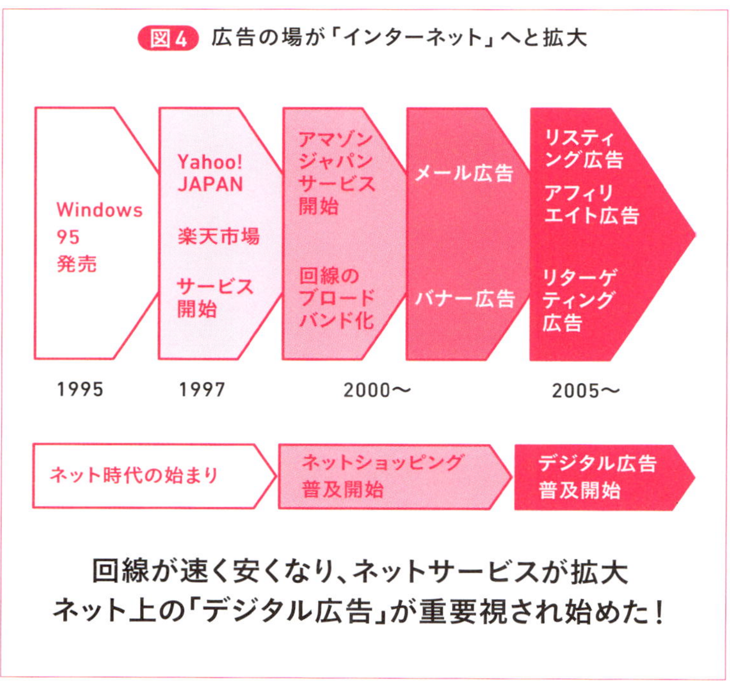

No. 04

［マスメディアからネットへ］

ホームページからソーシャルへ

インターネットの初期は、ホームページを使って情報発信するのは一部の企業や、一定の作成スキルを持った個人だけだった。

ところが2000年代になると「ブログ」が登場し、誰もが自由にネット上で情報を発信できるようになる。つまり、今まで情報を収集する「受け身」の媒体だったネットが、**誰もが「自ら情報発信できる」媒体へと変わった**のだ。

SNSの登場がマーケティングを変えた！

そして、さらに大きな転機となったのがフェイスブックやツイッターに代表される「SNS（ソーシャルネットワーキングサービス）」の登場だ。ブログでコメントをやり取りするよりも親密なコミュニケーションが可能になり、個人がより手軽に情報発信するとともに、個人同士の「つながり」が深まった。それに伴い、企業がマーケティングのツールとしてSNSを活用する事例も増えてくる。つまり「情報発信」だけではなく、**消費者との「つながり」がマーケティングの大きな要素となってきた**のだ。フェイスブックの「いいね！」やツイッターの「リツイート」は、消費者から企業への「具体的な評価基準」となり、かつ高い評価は結果として「情報の拡散」につながるため、SNSは企業のマーケティングに欠かせないものになったのだ。

ブログ記事にコメントを書き込む関係から、SNSで個人が情報を発信し合ってお互いにつながっていく関係、そしてそこに企業が加わっていく。こうして今までの一方向型のネットとは全く違った、**双方向型の「つながり」を重視した時代**になったのである（図5）。

図5 変わりゆくインターネット上の活用形態

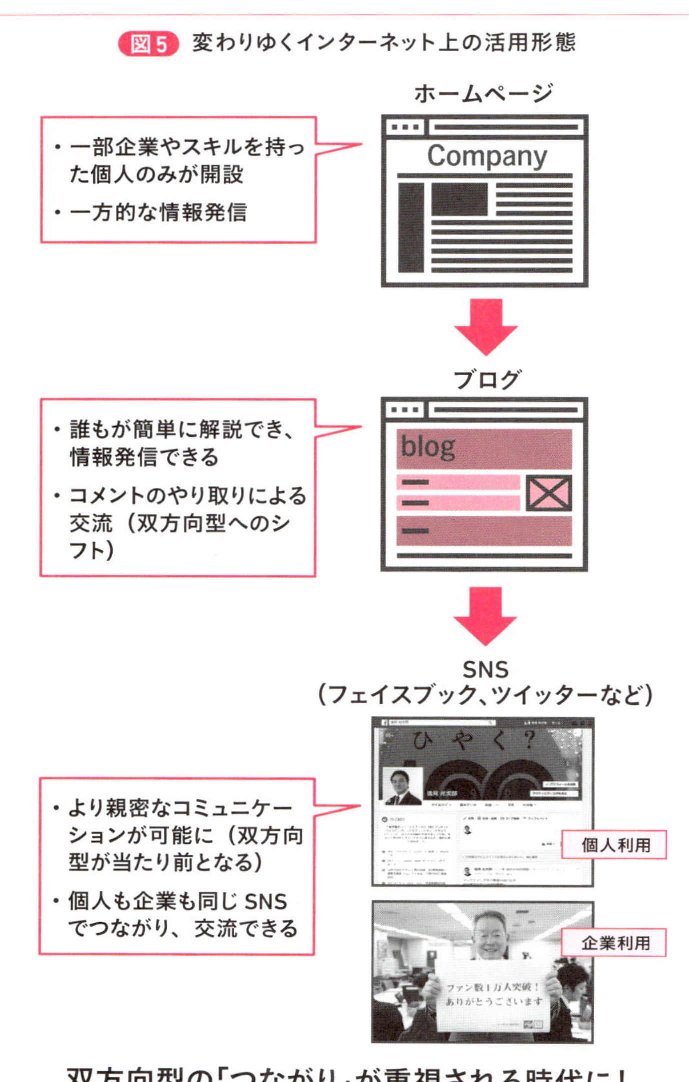
ホームページ
・一部企業やスキルを持った個人のみが開設
・一方的な情報発信
Company
ブログ
・誰もが簡単に解説でき、情報発信できる
・コメントのやり取りによる交流（双方向型へのシフト）
blog
SNS
（フェイスブック、ツイッターなど）
・より親密なコミュニケーションが可能に（双方向型が当たり前となる）
・個人も企業も同じSNSでつながり、交流できる
ひやく？
個人利用
ファン数1万人突破！
ありがとうございます
企業利用
双方向型の「つながり」が重視される時代に！

No. 05

［スマートフォンが変えたもの］

持ち歩ける個人メディア「スマートフォン」の登場

SNSとは別に、2007年にネットサービスの根底を揺るがす発明品が米国で生まれた。「iPhone」である。2008年には日本を含む世界各国で発売され、爆発的に普及した。

それまでも「携帯電話」でネットにつながることはできたが、そのサービスは限定的で、画面も小さく不便だった。一方iPhoneに代表されるスマートフォンは、PCで閲覧するのと同様の情報を、より大きな画面で見ることができた。つまり、従来の携帯電話はあくまで「通話中心」の使われ方だったのに対し、スマートフォンは、個人がいつでもどこでも情報を検索したり発信したりできる「**持ち歩ける個人メディア**」だったのだ。

誰もがスマートフォンを持ち歩く時代になると、企業もPC用のサイトをスマートフォン用に最適化する動きが顕著になる。

スマートフォンがライフスタイルを変えた！

情報の受発信の入り口が「アプリ」にシフトし始めたことも見逃せない。これにより、消費者は毎回ブラウザで情報を探す必要はなくなり、特定のサービスをすぐに使えるようになった。例えばスマートフォンでフェイスブックやツイッターを利用する際は、多くの人がブラウザではなく「アプリ」を活用しているはずだ。つまり、スマートフォンとアプリは、**ユーザーのインターネットの利用形態、そしてライフスタイルを大きく変えた**のだ（図6）。

このことは、当然ながらマーケティングにも大きな影響を与えた。アプリは繰り返しログインしなくてもすぐにサービスが立ち上がるため、企業からダイレクトに特定の個人に情報を提供できるようになった。さらに、例えば位置情報と連動して情報提供するなど、**より最適な情報を、最適なタイミングで届けることができるようになった**のだ。

私たちはスマートフォンの「普及台数」以上に、「利用時間・接触時間」を見るべきだと思う。意外なことだが、欧米では、電車内や街中でずっとスマートフォンを見ているシーンはあまり見受けられない。一方、日本では、四六時中スマートフォンを見ている人を見つけるのはたやすい。この長い接触時間の中で、どのように自社サービスを選んで使ってもらえるのか、アプリなど入り口をどう工夫すればいいのか、意識することは重要である。

図6 ライフスタイルを変えたスマートフォン

ユーザーは便利に！　企業側も対応！

持ち歩けるネットの入り口

Wi-Fi接続で高速化&通信料節約

いちいち検索せず、アプリでサービスイン

毎回ログインしなくても端末で個人認識可能

スマホサイズに最適化したページ作成

アプリを提供して、より快適にサービス提供

直接スマホに情報を表示

位置情報で適切な情報提供

ユーザーのライフスタイルとマーケティングに大きな変化を起こした！

No. 06

［スマートフォンが変えたもの］

サービスの入り口は「ブラウザ」から「アプリ」へ

スマートフォンとアプリの登場は、メディアや広告の手法も大きく変えていった。前回触れたように、アプリを使えば、ネットを検索することなく、必要とする様々な情報につながれる。また個人同士のやり取りも「**ピアツーピア**」と呼ばれる直接通信に代わり、ブラウザを必要としなくなった。LINEなどのメッセージアプリはまさにその代表で、SNSとしてのサービスも持ち、ブラウザを介さない利用形態をメイン環境としている。こうなると、従来の「ブラウザ上のバナー広告」や、「検索最適化広告」は、ユーザーが目にする機会自体が少ないため、広告効果も薄れてくる（図7）。

マーケティングも「双方向型」に

ただし、**「人が集まるコミュニティ」が効果的なメディア媒体となり、高い広告価値を持つこと**に変わりはない。

例えばLINEは、企業向けの広告メニューとしてLINE@（アット）や公式アカウントなどを持ち、多くの企業に利用されている。

そして広告を出す企業側も、SNS内の話題に関連した広告をメッセージ的に表示したり、個人の発信内容や関心に合わせて広告内容を変化させたりなど、**環境に合わせた広告手法**を模索するようになった。さらに、消費者の目を引くキャンペーンを実施したり、ポイント付与などの特典を用意したり、参加型のイベントを提供したりなど、今までとは違ったマーケティングプランが要求されるようになってきている。

すなわち、**マーケティングの手法も「双方向性」を重視した内容に変わってきた**のである。

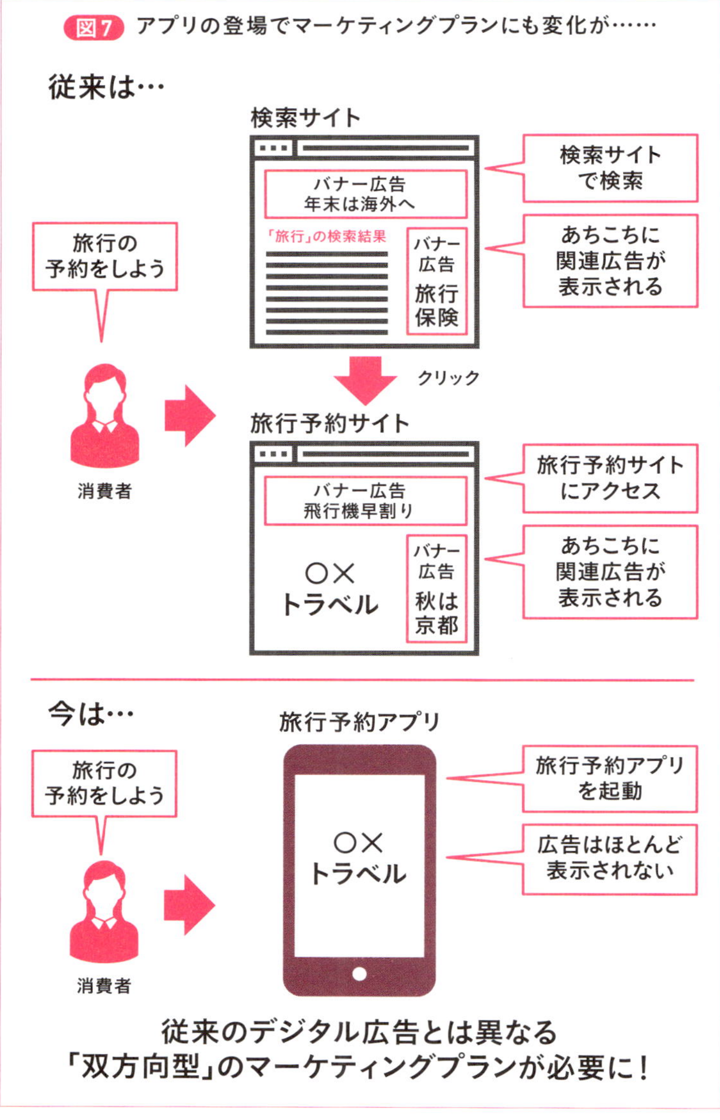
図7 アプリの登場でマーケティングプランにも変化が……
従来は…
検索サイト
バナー広告
年末は海外へ
「旅行」の検索結果
バナー広告
旅行保険
検索サイトで検索
あちこちに関連広告が表示される
旅行の予約をしよう
消費者
クリック
旅行予約サイト
バナー広告
飛行機早割り
○×トラベル
バナー広告
秋は京都
旅行予約サイトにアクセス
あちこちに関連広告が表示される
今は…
旅行の予約をしよう
消費者
旅行予約アプリ
○×トラベル
旅行予約アプリを起動
広告はほとんど表示されない
従来のデジタル広告とは異なる
「双方向型」のマーケティングプランが必要に！

No. 07

［スマートフォンが変えたもの］

デジタルマーケティングって何？

ここまで触れてきたように、かつてはCMやチラシなど、「一方向」の情報伝達だったものが、ネットやスマホの登場で「双方向」のつながりとなった。これはつまり、**企業側が「顧客の行動が見えるようになった」こと**を意味する。送ったメールを開いたか、どの記事をクリックしたか、あるいはスマートフォンのGPS機能によって、「どの場所でアプリを立ち上げたか」までわかる。

つまり、「企業側の働きかけ」と、「顧客側の反応・行動」が、デジタルデータで見えるようになったのだ（図8）。

データによってマーケティングの精度が高まった！

「デジタルマーケティング」という言葉があるが、「マーケティングのデジタル化」と言ったほうが正しい。**今までのマーケティングが、デジタル化によってより精度が高まった**のである。

それに伴い、消費者のデータを収集・分析することの重要性がますます高まっている。また昨今は各種ITツールも進歩しており、集めたデータをビジュアル的に可視化することも容易になっている。

今までは「Plan（計画）→Do（実行）」までしか手が回らず、「Check（検証）→Action（改善）」が疎かになっていたかもしれないが、このPDCAサイクルも格段に回しやすくなっているのだ。むしろ、同時にいくつもの施策を行って分析し、PDCAを回すことだって可能だ。この複数の結果を可視化することで、社内での情報共有も容易になり、関係部署をまたがった「**ヨコ通しの大きなマーケティング**」もできるようになっているのである。

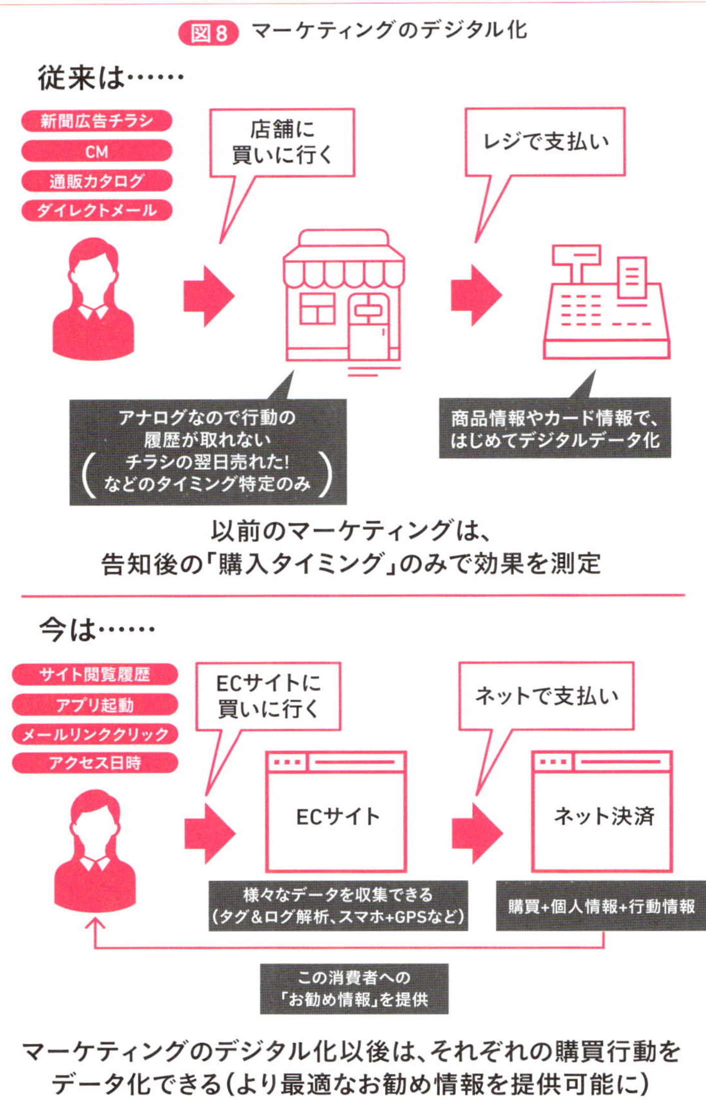
図8 マーケティングのデジタル化
従来は……
新聞広告チラシ
CM
通販カタログ
ダイレクトメール
店舗に
買いに行く
レジで支払い
アナログなので行動の
履歴が取れない
（チラシの翌日売れた!
などのタイミング特定のみ）
商品情報やカード情報で、
はじめてデジタルデータ化
以前のマーケティングは、
告知後の「購入タイミング」のみで効果を測定
今は……
サイト閲覧履歴
アプリ起動
メールリンククリック
アクセス日時
ECサイトに
買いに行く
ネットで支払い
ECサイト
ネット決済
様々なデータを収集できる
（タグ＆ログ解析、スマホ+GPSなど）
購買+個人情報+行動情報
この消費者への
「お勧め情報」を提供
マーケティングのデジタル化以後は、それぞれの購買行動を
データ化できる（より最適なお勧め情報を提供可能に）

No. 08

〔オムニチャネルの時代〕

オムニチャネル化した世界

ネットもリアルも境目ナシ！

世の中が変化し、買い物の仕方や情報収集の方法が変わってくると、「これはネットで」「これは実店舗で」という境目がだんだんなくなってくる。ネットで情報収集を行ってから実店舗に買いに行ったり、逆に実店舗で見て気に入ったものをネットで注文したりすることもあるだろう。

消費者は、**もはや「ネット」「実店舗」を別々に分けて考えてはいない**のである。商品やサービスを提供する企業側は、このことを肝に銘じておかなくてはならない。同じ企業内でネットと店舗で大きく価格が違ったり、商品情報が違ったり、会員番号が違ったり。そのようなことが多ければ、顧客はどんどん離れていくだろう。

これが「**オムニチャネル**」である。オムニチャネルは、直訳すれば「全ての接点」という意味だが、単に一つ一つの接点（情報チャネル・販売チャネル）を見ればいいというわけではない。

商品情報・在庫管理から顧客情報・購買情報、それらを分析したマーケティング情報から販促アクションまで、「**きちんとつながっていなければ顧客にとっては意味がない**」ということだ。

企業にとっては厳しい時代だが、ネットと実店舗の境目がなくなり、企業の様々な施策でネットが不可欠だという事実は、もはや変えられない。その中で、既存の資産（店舗）を有効に活用するために、どのようにネットを活かしていくのか、今はそうした思考が必要とされているのだ（図9）。

図9 情報と購入のオムニチャネル化

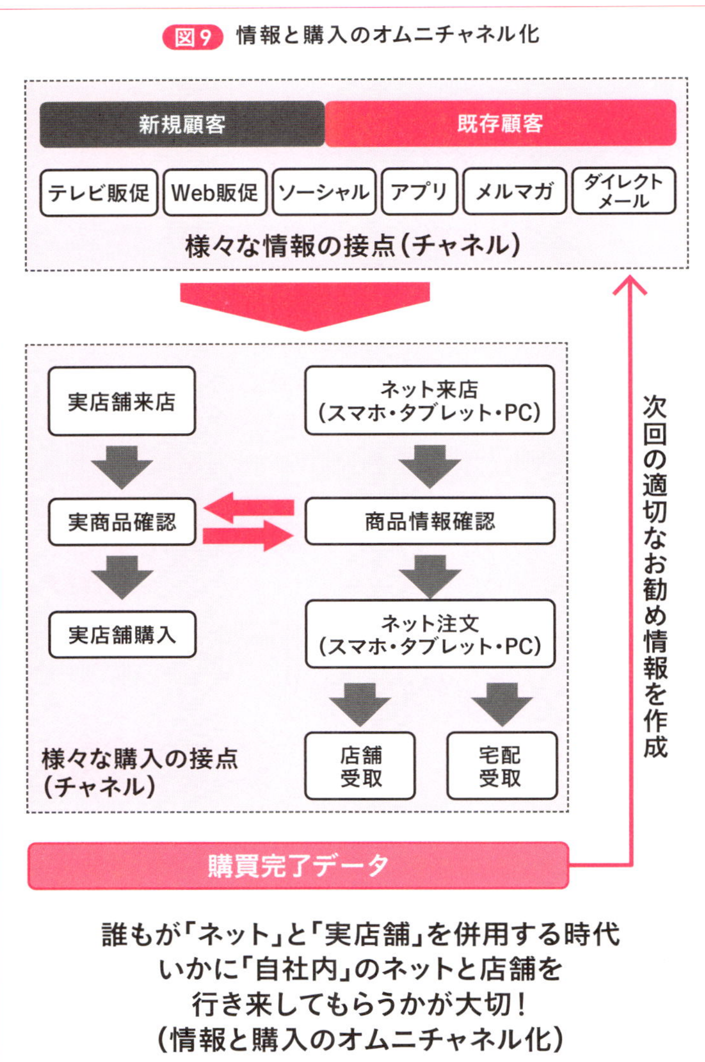

No. 09

［オムニチャネルの時代］

テクノロジーの進化が「買い物」を変える！

テクノロジーの進化とともに、買い物をより楽しく、便利にするサービスも続々と登場している。

例えば、AR（拡張現実）やVR（仮想現実）だ。両者を厳密に区分けするのは難しいが、どちらも「現実」と「バーチャルイメージ」を組み合わせた新しい体験を提供するのは同じだ。

例えば、最近は家具を購入する際に、部屋の中に仮想的に家具を配置し、自由に色やサイズ、種類を入れ替えて購買をサポートするサービスも提供され始めている。つまり、今までは頭の中でイメージしたり、イラストで描き出したりするしかなかったものを、簡単に可視化して共有できるようになっているのだ。今まで以上に、**消費者の「購買行動」のスタイルが変わるのは間違いない**だろう。

「声だけ」で買い物できる時代？

昨今は音声認識技術の向上により、難しいマニュアルを覚えたり、複雑な操作をしたりすることなく、「声による指示」だけで、様々なサービスを受けられるようになりつつある。

スマートフォンで情報検索したり、地図を調べたりするときに、音声で操作する人は多いだろう。同様に、購買行動も「**音声だけで済む時代**」が到来しつつあるのだ。実際、Amazon EchoやGoogle Homeなど、音声操作をサポートするデバイスも続々登場している。

特にすごいのは「Amazon Echo」で、「Alexa（アレクサ）」という人工知能を利用することで、音声だけで様々な操作を行うことができるようになっている。例えば、Amazon Echoに「アレクサ、○○ピザのマルゲリータを1枚お願い」と語りかければ、本当にピザが宅配されるようなシステムが整いつつあるのだ（図10）。

しかも、Alexaと連携した音声サービスを作成できる環境は外部企業に開放されており、各企業が自社サービスとの連動を進めているため、Alexa対応製品を開発する動きがますます加速することは間違いない。

このようなサービスが生活のあちこちに展開されていけば、**消費者はますますネットと現実の境目なく、買い物を楽しんだり、生活を楽しんだりできる**ようになる。今後高齢化が進む日本であればなおさらだが、こうした「消費者に優しい技術」は、ますます進化していくことが予想される。マーケティングを行うならば、こうしたテクノロジーの進歩にも目を配っておかなければならないだろう。

図10 Amazon Echoの動作イメージ

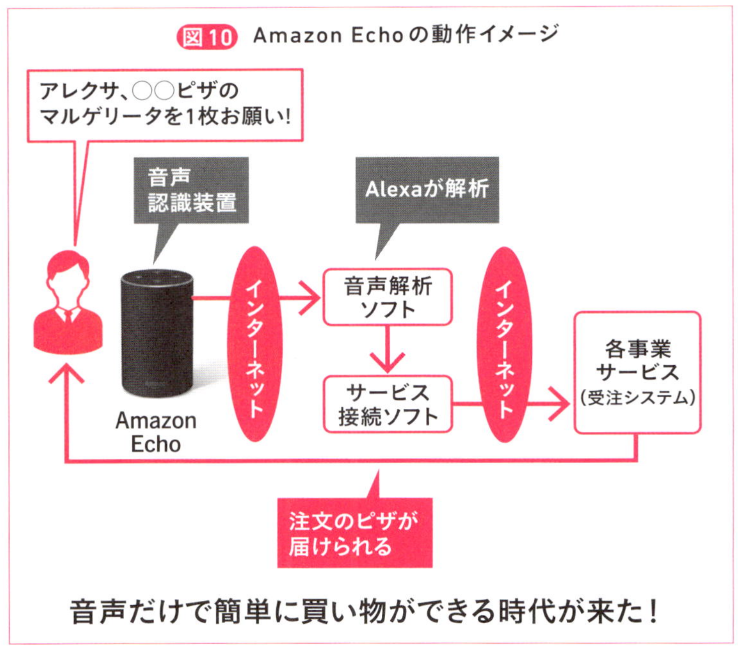

No. 10

［オムニチャネルの時代］

全てのビジネスパーソンに「マーケティング思考」が必要！

マーケティングの位置付けの変化

マーケティングが複雑化するにつれ、**企業の組織形態も変わらざるを得なくなっている**。例えば、今まで販売促進部は商品部とともにメーカーリベートを原資に販売を伸ばし、広告宣伝部は広告予算を使って宣伝を行い、ブランディング部はロゴやブランドステートメントなど会社のブランド管理を行い、マーケティング部は販売データなどの分析を行ってきた。

しかし今は、それぞれの部署が持つ情報だけでは、世の中の変化に対応できなくなっている。よって、従来のような**「タテ割り」ではなく、「ヨコ通し」で部署間が情報共有**し、マーケティングを行わなければならなくなっているのだ。

とはいえ、いきなり組織を統合するのは難しいので、実際には各部署の「マーケティングに関わる人」たちがヨコ通しの会議で情報共有し、いくつかの施策を共同で行うケースが増えている。

これから、このような動きはますます加速していくだろう。部署を問わず、「**会社全体としてのマーケティング**」という視点で個々の社員の活動が評価される時代となるはずだ。すなわち、所属部署にかかわらず、社員一人一人に「**マーケティング思考**」が求められる時代になっているのだ（図11）。

本章で見てきたように、マーケティングのあり方が変化していく中で、私たちにはどのような考え方が必要で、どのような活動が求められているかについて、これから解説していこう。

図11 マーケティングは「マーケティング部」だけのものではない

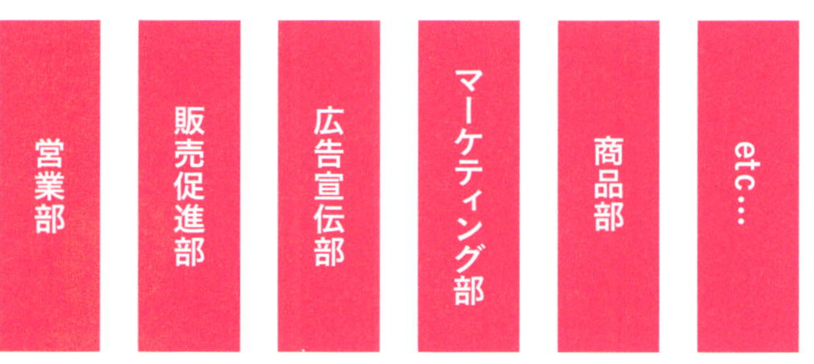

タテ割りの組織運営ではなく、「ヨコ通し」で
「会社全体としてのマーケティング」を
考える必要がある！

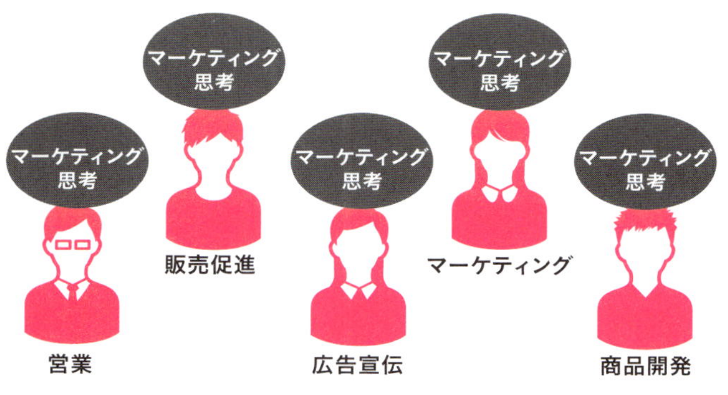

所属部署を問わず、社員一人一人に
「マーケティング思考」が求められる！

>> マーケターインタビュー①

西口一希
（スマートニュース／ロクシタン）

マーケティングはAIが取って代わる？

[Profile]

>西口一希（にしぐち・かずき）

1990年大阪大学経済学部卒業後、P＆G入社。マーケティング本部にて、ブランドマネージャー、マーケティングディレクターとして、「パンパース」「パンテーン」「ヴィダルサスーン」「ヴィックス」「プリングルズ」などのブランドマネジメント担当。2006年ロート製薬入社。執行役員マーケティング本部長（CMO）として、「肌ラボ」「ＯＸＹ」「オバジ」「50の恵」「デ・オウ」「メンソレータム」などのブランドのリップクリームと日焼け止め、ロート目薬ブランドなど40以上のブランドマーケティングを統括。2015年ロクシタンジャポン代表取締役社長。2016年アジア人初のロクシタングループグローバルエグゼクティブコミッティメンバーに選出。2017年ロクシタングループ外部取締役戦略顧問およびスマートニュース執行役員、日米マーケティング責任者に就任、現在に至る。

○マーケティングを取り囲む環境

私のキャリアは、大学時代に家庭教師の派遣業を興すことからスタートしました。

その後、P＆G、ロート製薬、ロクシタンでマーケティングおよびマーケティングを軸とした経営に携わり、現在は、主にスマートニュースというスマホアプリのベンチャー企業で日米のマーケティング責任者をしています。

アプリのマーケティングは、プロダクトもデジタルであり、マーケティング投資からユーザーの反応や動向が、ほぼ全てデジタルデータで可視化されています。それを最新のアルゴリズムを駆使して分析し運用しており、ここからは、消費財マーケティングでは見えなかった新しいマーケティングの未来が見えてきます。

マーケティングを取り囲む環境は、スマホの登場で急激に変化しているのですが、その全体像とスピードは外部から見ると非常につかみにくいです。

まず、皆さんお伝えしないといけないことは、現在のデジタル分野に関わるマーケティング業務に必要な知識は、数年前とは比較にならない膨大なレベルになっているということ。

一方で良いニュースは、デジタル技術の進化により、そんな複雑な知識がなくても、作業的なマニュアル作業から解放され、最も生産性が高いクリエイティブなマーケティングに注力できる時代が実現しつつあるということです。

◯物理世界とデジタルワールド

まず、世の中がどこに向かっているかを考えると、世界の生活の全てがデジタル技術でフリクションフリーな（摩擦のない）デジタルワールドに向かっていると言えます。

ムリ、ムダ、ムラ、不快といった言葉で表される物理的世界に存在した摩擦は、AI、IoT、AR、超高速通信などのデジタル技術やアルゴリズムの進化でゼロに向かっています。アマゾン、Uber、Airbnbのような摩擦を最小化するサービスは、今後もどんどん増え、物理的世界は最小化され、世の中のほとんどがデジタル化されていくのは確実です。

「スマホネイティブ」と言われる若年層を中心に、デジタル技術を積極的に取り入れる層は、このようなフリクションフリーのデジタルワールドに住んでおり、すでに物理世界とは異なるパラレルワールドを形成しています。

私たちが暮らしている街やオフィスが、自然に目に見える物理世界であるのに対して、デジタルワールドの特徴は、自らアクセスしていない限り見えないことです。

さらに、デジタルワールドは物理的な制限がなく、国籍を超えた規模で、ヒエラルキーなく情報が常に離合集散し、日々、幾何級数的に拡大しています。

これが同じ時間軸の中で、目に見える物理世界とは異なるデジタルのパラレルワールドを生み出しており、物理世界への影響力は日々大きくなっています。

○デジタルの影響力は大きいが見えづらい？

スマホでも電話機能かメールぐらいしか使わない、もしくはガラケーを使用されているベテランビジネスパーソンはまだ多くいます。このような方は、目に見える物理的な世界に生きており、人と情報と物理的につながった世界観を持っています。

一方で、デジタルネイティブは、1日24時間のほとんどがスマホを通じたデジタルの世界の情報につながっており、デジタル上で友人や情報とつながった世界観を持っています。

この2人が街で出会ったとしても、見えている街の情報の意味合いは全く異なります。そもそもデジタルネイティブにとって物理空間の情報はむしろリアリティすら失いつつあります。

フェイクニュースで国の政治が大きく動いた時代に私たちは生きていますが、これは、デジタルワールドが物理世界に主導権を持ち始めた象徴と言えます。

しかしながら、世界経済や多くのレガシー企業では、未だに物理的な世界観が支配的です。

特に、デジタルネイティブから遠い50代以上の軸足は、物理世界にあります。世の中がパラレルワールド化して、消費も生活も政治もあらゆるものの全てが「物理世界」と「デジタルワールド」で併行して動きながら、デジタルの影響力が飛躍的に大きくなっている。しかし、目に見えにくいという事実は、マーケターとして明確に認識しておきたいです。

パラレルワールドが見えてる人と見えていない人のギャップは、埋めがたいほどに大きくなっています。皆さんが一緒に働く上司や先輩は、どちらの世界に住んでいらっしゃるのでしょうか？

このパラレルワールドを認識しているのか、認識したうえでデジタルワールドにも接続しているのか？

この差は、マーケティングを行ううえで、非常に大きな環境差となると思います。

◯マーケティング業務の変化

では、マーケティング業務自体にどういった変化が起こっているのでしょうか。

デジタルワールドの拡大によってマーケティング活動も非常に複雑化していますが、今、私が携わっているアプリ業界のマーケティングから想像するに、消費財を含むありとあらゆるマーケティング業務の半分以上が、数年で人間の手を離れると思います。

マーケティング投資、消費者の購買行動、メディアデータ、POSデータは、ビッグデータとしてつながることは確実です。

これが、AIとそのアルゴリズムの進化により、マーケティング業務を劇的に変えていくと思われます。

AIの影響を説明するうえで、マーケティングを大雑把に2つに分けてみます。

(A) **クリエイティブ分野…**これまでになかった新規事業、新商品、新サービス、新コミュニケーションを創造することと、その戦略策定。

(B) **最適化分野…**すでに出来上がった事業、商品、サービスをより多く拡充するためのメディア、販売促進方法やチャネル拡大などの選択と最適化とその戦略策定。

(A)は、いわゆる「0→1」的なマーケティングです。一方(B)は、過去の成功事例やパターンや論理の積み上げをもとにしていることが多く、理論の積み上げであり、「1→2」的と言えるかと思います。

この(B)は、投資最適化に関するマーケティング領域であり、ビッグデータとAI技術で、ほとんど人間の手を煩わせないレベルに届きつつあります。

物理的世界でデータ化が難しかった消費者の行動や店舗売上や、テレビなどのマスメディアのリアルタイム視聴データも、IoTやビーコンでデジタル化され、デジタルワールドのデータとビッグデータとして数年以内に連結されるのは確実です。

これが実現すれば、インプットとしてのマーケティング投資に対してのアウトプット予測は飛躍的に向上し、ここに関わっていたマーケティング業務はなくなるでしょう。

○PDCAもAIが回していく？

アプリビジネスは、マーケティング投資から始まり、ユーザーの態度変容、ダウンロード、その後の商品使用の実態の詳細まで全てデジタルでデータ化され、ほぼリアルタイムで把握可能であり、それまで経験してきた物理的世界での人間が主導するマーケティングとは大きく異なっています。

データさえ連結すれば、PDCAは統計的分析と数学とアルゴリズムの問題であり、AIとしてノンストップのマーケティング運用となり、人間の介在を必要としなくなります。

このデジタル世界でのマーケティングノウハウが、物理的世界のマーケティング分野へ進出し、大きな影響を与えるのは確実です。

課題は「必要なデータ連携をどうやって入手するか」と「AIのアルゴリズムをどう設計するか」だけであり、クライアント側が動かずとも、デジタル系のプラットフォーマーやアドテク系の企業から必ず提供されます。

すでにGoogleを始めとして、これまで接続されていなかったテレビCMや店舗小売のPOSデータも統合される動きが強まっており、ここ1～3年で、一般消費財を含むあらゆる商品やサービスに適用されていきます。

また、いったん完成すると、AIやアルゴリズムも簡単にコモディティ化・一般化されて、大きく採用されるはずです。

○クリエイティブがマーケターの主軸に

当面は、アルゴリズム設計に数学者やデータアナリストの専門性が求められますが、完成すれば、24時間365日、データ分析と投資配分の最適化が休みなく実行され、最適化マーケティング業務は、短期間で縮小していくと考えます。

何度もニュースで取り上げられましたが、アルファ碁が、過去の膨大な棋譜を学習したうえで、囲碁に勝つ最適化を突き詰めて人間のプロに勝利しました。

これは最適化マーケティングの分野でも確実に起こることであり、過去データの分析をもとにした最適化のマーケティングはマーケターの手から離れていき、この分野のマーケティングニーズは減少し、(A) のクリエイティブ分野こそがマーケティングの主軸になると考えます。

○AIがカバーできないマーケティングの領域は？

では、AIやデジタルテクノロジーがカバーできないクリエイティブなマーケティングとは何でしょうか？

実は、この分野ですらAIが追いついてくる可能性が見えてきているのですが、最適化分野に比べるとまだ人間が活躍できる可能性が高い分野です。それは、マーケターであるあなた自身が、「リアルタイムのマーケットと同化すること」です。

客観的にマーケティングを行うターゲットを決めてマーケティングしようとするのではなく、あなた自身が「主観的に」マーケットに身を置いて、ターゲットと同化すること、主体者になることです。どうあがいてもデータ化可能な分野はAIが取って代わります。人間に残される分野は、過去延長ではない非線形の未来の需要を創造することであり、その創造の主体になることです。

○感性を研ぎ澄まし、需要を創造する

重要なのは、五感であり統合的な感性です。文字化できる、またデータ化できる情報からは、AIができる以上の新しい需要の創造はできません。パラレルワールドに自ら生活し、五感で感じ、自分が欲しいと思うモノやサービス、これまでにないモノやサービスを想像することが、マーケティングの差別化になると思います。

現在、デスクワークでやっている仕事のほとんどは最適化の仕事で、これらは自動化されて、必要なくなります。上司への報告すら、AIが最適なインフォグラフィックやダッシュボード表示を自動化してくれ、無駄なPowerPointや謎めいたグラフを作る必要はなくなります。むしろ人間の介在をなくすことで、誤解や間違いが減ると思います。

最適化からPDCA、社内での報告から解放され、マーケティング業務はオフィスから離れ、物理的世界とデジタルワールドに身を置いて、現場で当事者として創造することが中心になります。その意味では、アーティストやデザイナーに近くなるでしょう。

また、AIがマーケティングの最適化を担うと、複雑なマーケティング知識から解放され、マーケティング知識などなくとも、マーケット感覚と感性の強いアントレプレナーがますます活躍できる時代になると思います。「客観的なマーケティング」から「主観的なマーケティング」への移行とも言えます。

では、この本はここで読み終えればいいのか？いえいえ、最後まで、読んでいただくことをオススメします。

この本は、非常に基本的なマーケティング知識のみに焦点が当たっ

ており、最低限のフレームワークとして役立つと思います。ただ、読み終えたら、実践に軸足を移していただきたいのです。マーケティング知識を増やせば増やすほど、過去の成功事例や思考パターンに縛られ、クリエイティブな発想を抑制しかねません。

知識を蓄え、そこから論理的に考えるのは、AIが担当してくれます。

最も重要なのが、マーケットに身を置いて、主観的に新しい需要やニーズを考えること。ターゲットを客観的に見るのではなく、自らをターゲットとして、非線形的に、これまでにない価値のあるモノ、サービス、コミュニケーションを考えてみてください。

○マーケターが志すべき未来

マーケティングだけでなく、あらゆる業務においてデジタル化、自動化が進みます。その変化は、10年などではなく、あと2～3年で一気に顕在化すると思います。様々な業務分野で、ルーティン的な仕事や過去延長の分析や最適化はAIが担うことになり、多くの業務が自動化され、残されるのは前述の通り、クリエイティブなマーケティング思考で業務を革新することだけになるでしょう。

クリエイティブ発想は、どの業務においても重要になり、最大の差別化であり、マーケティングの存在理由になると思います。ぜひ、主体者としてパラレルワールドに身を置いて、感性を研ぎ澄まして、新しい未来を発想することに注力してほしいです。

これから私たち人間がリードするマーケティングは、過去の拡大や延長のためにあるのではなく、これまでにない新しい価値を創造し、世の中に提供することなのです。

マーケターとして、これからの皆さんの充実したキャリアを心から願います。

CHAPTER

1

マーケティングって何だろう？

そもそも「マーケティング」とは何だろう？「今」の視点で、マーケティングとはどんな活動で、どんな考え方が必要で、実際に何をすればいいのかを考えていこう。

No. 01

［マーケティングって何？］

マーケット（市場）＋ING（進行形）

「マーケット（Market）」は「市場・消費者」という意味であり、それに「ING」を付けて進行形にした言葉が「マーケティング（Marketing）」だ。つまり、「**常に変化する市場・消費者**」というような意味になる。この「常に変化する市場・消費者」が今何を求めているかを考え、自社の商品・サービスに対する「顧客満足」を獲得し続けるのがマーケティングだ。

消費者の行動プロセスは、マスメディア中心のマーケティングが主流だったころは、よく「AIDMA（アイドマ）」で表現された。「**注目→興味→欲求→記憶→購入**」という購買プロセスだ。一方、現在のようにインターネットが主流となると、「AISAS（アイサス）」というプロセスで表現されることが多くなっている。「**注目→興味→検索→購入→共有**」というプロセスだ（図1）。

ネット時代は誰かの共有（Share）が、さらに多くの注目（Attention）や興味（Interest）につながっていく。つまり、この**AISASプロセスがどんどん繰り返される**のだ。もちろん、伝わる広さ（速さ）も、昔と今とで大きく異なる。これらを踏まえ、筆者なりにまとめると、マーケティングの目的は次のようになる。

①市場・消費者に自分たちの商品・サービスを知ってもらい、「買ってみたい、使ってみたい」と思わせること
②買った人、使った人たちに、繰り返し使ってもらうこと
③使ったあとで「良かった」「悪かった」と情報発信してもらい、他の消費者に影響を与えること

④その買った人、使った人の「声」を整理し、より良い商品・サービスへと改善すること
⑤その改善点をあらためて市場・消費者に知ってもらい、「買ってみたい、使ってみたい」と思わせること

これを見ると、マーケティングの本質は「宣伝」「Web制作」「顧客分析」のような個々のプロセスではなく、市場から企業、そしてまた市場へ還る「**流れ**」にあることがわかるだろう。さらに言えば、マーケティング活動で最も重視すべき評価は、広告やWebコンテンツを「見てくれた人の数」ではない。買ってくれた・使ってくれた結果である「**売上・利益**」であり、さらに言えば「**繰り返し買ってくれた・使ってくれた人の数**」こそが重要なのである。

図1 「商品・サービスを知って購入する」流れの変化

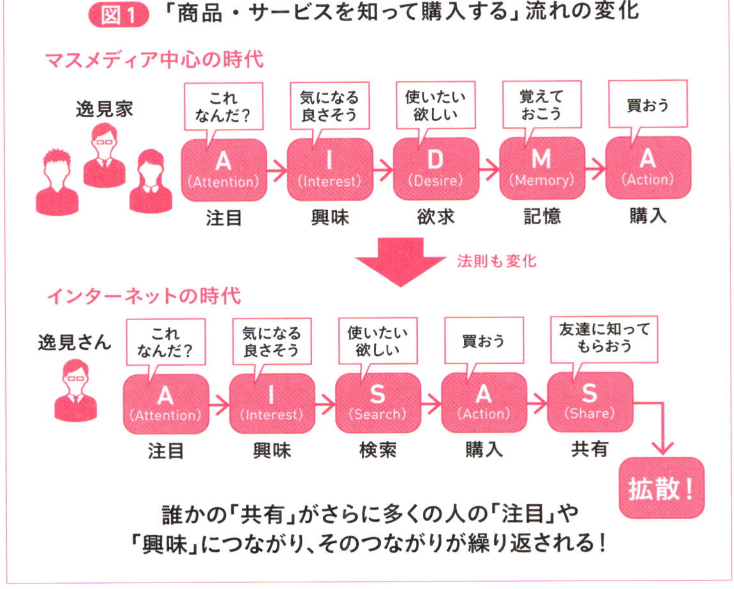

No. 02

［マーケティングって何?］

「消費者」「顧客」って誰のこと?

もし自社の商品が日本全国で発売されるなら、日本に住んでいる人全員が「市場」であり「消費者」だ。その中で、例えば「30代の既婚男性」が主に使いそうな商品であれば、その対象者が「顧客ターゲット」であり、実際に購入してくれた人が「顧客」となる。

ただ、顧客は当然ながら「一定不変」ではない。商品を気に入り、継続的に使い続けてくれる（そして、時には好意的な評価を発信して新たな顧客を連れてきてくれる）人もいれば、何らかの事情で商品に愛想を尽かし、使わなくなってしまう（そして悪い評価を発信するようになってしまう）人もいる。また、商品そのものも、食品や日用品のように生涯必要とするものもあれば、育児用品のように、必要とする期間が決まっているものもある。

このように、顧客とは一度つながったらずっと固定されるわけではなく、**様々な理由によって企業との距離が近くなったり遠くなったするもの**なのである。

だからこそ、企業は常に「顧客の立場」に立って商品・サービスを考え続け、顧客に寄り添わなければならない。かつては「作り手が良いと思ったものを売る」という「プロダクトアウト」の考え方が主流だったが、昨今は「**顧客が良いと思うものを売る**」という「マーケットイン」の考え方が、より重要になっている（図2）。

ここで重要なのは、**顧客自身も、自分自身のニーズを正確に把握しているわけではない**ということだ。ゆえに、企業はいっそう顧客に寄り添い、「本当に必要としているものは何か」「どういうときにどのように使うのか」を考え続けなければならないのだ（図3）。

図2 プロダクトアウトではなくマーケットインが大事

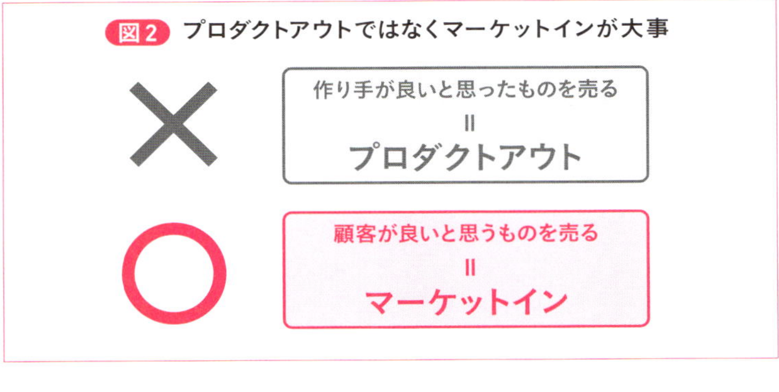
作り手が良いと思ったものを売る
=
プロダクトアウト
顧客が良いと思うものを売る
=
マーケットイン

図3 マーケットインは「顧客の言いなり」という意味ではない

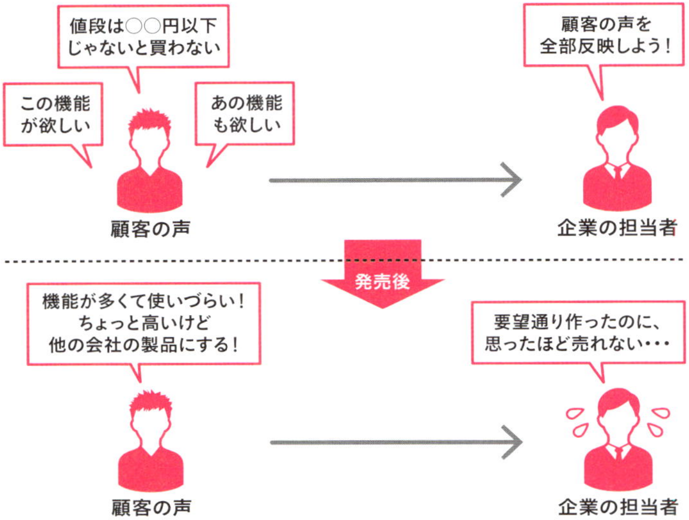

値段は○○円以下じゃないと買わない

この機能が欲しい

あの機能も欲しい

顧客の声

顧客の声を全部反映しよう！

企業の担当者

発売後

機能が多くて使いづらい！ちょっと高いけど他の会社の製品にする！

顧客の声

要望通り作ったのに、思ったほど売れない・・・

企業の担当者

「言われた通りに作ること」が顧客のニーズに応えることではない！

顧客の要望の裏にある「真のニーズ」を見極めるべし！

CHAPTER 1

No. 03

［マーケティングって何?］

「販促」と「分析」を繰り返そう!

顧客のニーズやウォンツは、そのライフステージ、世の中の変化、あるいはそのときの気分やシーンに応じて大きく変わるものである。だからこそ、常に顧客に寄り添って仮説を考えなければならないわけだが、「こう思う」という個人の主観だけではなく、**客観的に「見える化」すること**が大事である。

特に昨今は、1人の作り手だけが、顧客のニーズをじっくり聞いてものを作り、顧客のもとに届けるケースは少なく、商品開発から宣伝・販売・アフターフォローに至るまで、様々な部署の人間が連携し合って商品・サービスを提供している。そして、それぞれの部署の人間に「マーケティング思考」が求められている時代だ。

だからこそ、それぞれの担当者が、それぞれの立場で顧客に寄り添うことで「わかってきたこと」を、情報・データの形で見える化し、共有することが大切となる。見える化によって、顧客にとって最適なタイミングで商品・サービスを知らせ、買ってもらい、適切なアフターフォローを提供する状態を作れるわけだ。

やっぱり大切なのは「PDCA」!

もちろん、1回体制を作ったら終わりではなく、その流れが一巡した時点で、当初の商品・サービスの見直しを行わなければならない。つまり、商品そのものの仕様から、宣伝の仕方、届けるタイミングまで、**データと顧客の声に基づいて見直す**のである。

実店舗とネットの両方で商品を展開しているのであれば、実店舗を中心としたデータと、ネットを中心としたデータを一緒に。可能なら顧客情報（ポイントカードやログインID）で結び付けて、継続的に見続けることも大事だろう。これがPDCAサイクルである。

このPDCAサイクルを繰り返し、見える化し、当初の仮説を見直し続けること、これがマーケティング活動の基本である（図4）。

図4 マーケティングのPDCA

Plan
（計画）
顧客の立場に立った
商品仕様と伝え方の
仮説を立てる
Do
（実行）
様々な媒体で
商品仕様と
ライフシーンでの
利用例を
伝える
Check
（評価）
チェック項目で振り返る
・売上と利益
・対象顧客は買ってくれたか？
・買ったあとのクチコミはどうだった？
・媒体の使い方は効果的だったか？
Action
（改善）
改善ポイントを考える（例）
・商品パッケージの見直し
・販売チャネルの見直し
・告知媒体の見直し
・伝える時間帯の見直し
・自社SNS情報発信の増加

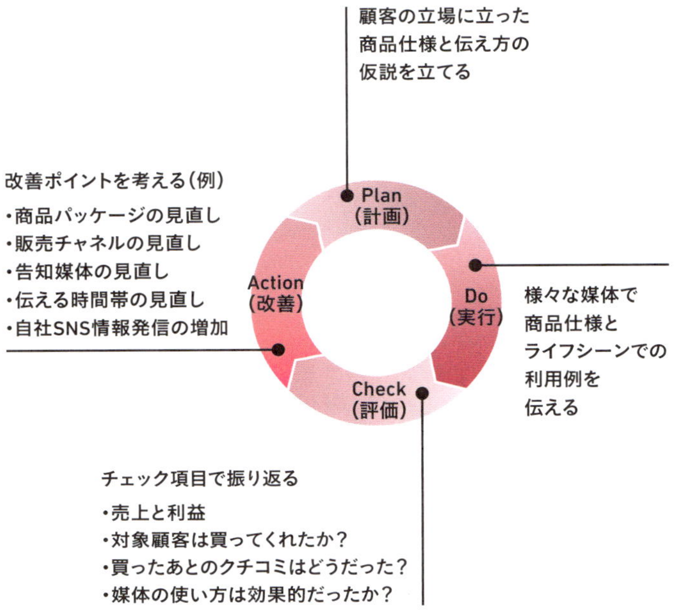

No. 04

〔顧客満足度が大事！〕

「売上と利益」は「顧客の支持」の結果！

マーケティング活動を見える化するためには、**様々な情報やデータを「数値化」することが必要**となる。インターネットの閲覧数（PV:ページビュー）、広告の費用対効果（CP：コストパー）、店頭での問い合わせ件数など、様々な数値があるが、マーケティング活動の中で出てくる様々な数値を「見える化」しておかないと、「本当に顧客に支持されているかどうか?」が見えにくくなる。

そして、あらゆる数値の中でも、私たちが最も意識しなければならないのは「**売上と利益**」である（図5）。

「売上」とは、「商品価格×客数」だ。まさに、消費者があなたの商品・サービスを知り、気に入って、支持してくれた結果が「売上」である。また、顧客と企業が「つながった瞬間」でもあるわけだから、意識すべきなのは当然である。

一方「利益」は、顧客の支持の結果である「売上」から、様々な「費用」を引いた「純粋な儲け」の部分だ。費用には、商品の原価、店舗やEコマースの販売人件費、物流費、広告宣伝費などが含まれるが、要は「売上」から、会社のあらゆる活動に使った「費用」が差し引かれて「利益」が残るのである（図6）。

売上と利益は「顧客満足度」を示す！

この「売上と利益」を「見える化」し、数値が伸びているか減っているか、あるいは現状を維持しているかを常に把握しておくことが大切だ。売上と利益は、**「顧客に支持されているかどうか」をわかりやすく示す「具体的な数値」**だからである。

図5 売上と利益に注目する

売上（顧客の支持）＝商品価格 × 客数

利益（会社継続の原資）＝売上ー費用（会社の活動）

「売上」と「利益」は
「顧客に支持されているかどうか」を示す指標!

図6 売上と利益のイメージ

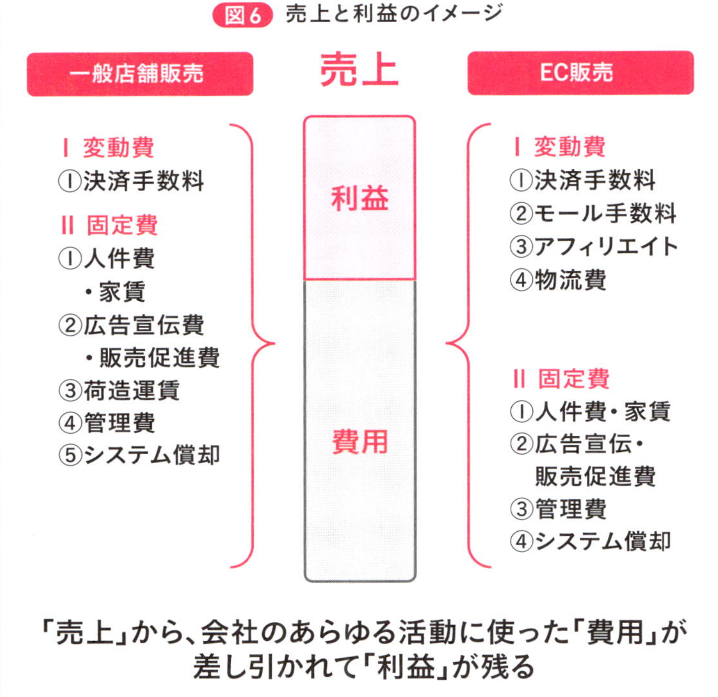

「売上」から、会社のあらゆる活動に使った「費用」が
差し引かれて「利益」が残る

CHAPTER 1

なお、一口に「利益」と言っても、いくつかの種類がある。企業の損益計算書上では、「①売上総利益」「②営業利益」「③経常利益」「④税引前当期純利益」「⑤当期純利益」の5つに大別される。

①の「売上総利益」は、売上高から売上原価（仕入れ値）を差し引いた金額で、「**粗利（あらり）**」などと呼ばれる。

②の「営業利益」は、売上総利益から、社員の人件費や家賃、広告宣伝費など、商売必要な付随的な費用（販売費および一般管理費）を差し引いたものだ。

③の「経常利益」は、「営業利益」から営業外収益や営業外費用、つまり「為替損益」や「社債の利息」など、「商売とは直接関係ない部分の利益や損失」を差し引いた金額である。

④の「税引前当期純利益」は、例えば不動産を購入／売却したりなど、その年度だけに「特別に発生した利益／損失」を差し引いた金額。

最後に、税金を支払って残ったのが「⑤当期純利益」、つまり「売上高からいろいろ差し引きした結果、最終的に残った利益」ということになる。

日々の販売現場では、商売の基本的な部分の利益である①売上総利益や②営業利益を重視するし、経営層になると、商売とは直接関係ないが、経営には必須の損益も加味した③経常利益や⑤当期純利益を指標とする。

「その話、マーケティングに関係あるの?」と思う人もいるだろうが、**この5つの利益を区別して考えることはとても大切**だ。それによって、同じ利益の話でも、「今何の利益の話をしているのか」がわかるようになる。よく「経営者の視点で考えろ」などと言われるが、**損益決算書（決算書）は、自社の商売の構造をわかりやすく示したレポート**だ。決算書を読めるようになれとまでは言わないが（読めたほうが何かと便利だが）、少なくとも「5つの利益」の区分だけはできるようにしておこう（図7）。

図7 実際の損益計算書のイメージ

（単位：百万円）

	当事業年度（自 平成28年3月1日 至 平成29年2月28日）	当事業年度（自 平成28年3月1日 至 平成29年2月28日）	
営業総収入	333,855	356,186	
売上高	35,013	42,365	
売上原価	24,966	30,470	
売上総利益	**10,047**	**11,894**	利益①
営業収入			
加盟店からの収入	263,067	273,945	
その他の営業収入	35,774	39,876	
営業収入合計	298,841	313,821	
営業総利益	308,889	325,716	
販売費及び一般管理費	※1 251,641	※1 268,296	
営業利益	**57,247**	**57,419**	利益②
営業外収益			
受取利息	879	780	
受取配当金	327	516	
受取補償金	645	524	
デリバティブ評価益	—	409	
その他	911	939	
営業外収益合計	2,763	3,170	
営業外費用			
支払利息	1,540	1,569	
リース解約損	1,881	1,243	
為替差損	980	481	
災害による損失	—	422	
その他	626	412	
営業外費用合計	5,028	4,130	
経常利益	**54,982**	**56,459**	利益③
特別損失			
固定資産売却損	※2 170	※2 294	
固定資産除却損	※3 4,172	※3 3,388	
減損損失	9,155	9,034	
関係会社出資金評価損	773	8,603	
その他	1,455	387	
特別損失合計	15,727	21,710	
税引前当期純利益	**39,255**	**34,749**	利益④
法人税、住民税及び事業税	15,680	14,749	
法人税等調整額	1,772	912	
法人税等合計	17,453	15,661	
当期純利益	**21,802**	**19,088**	利益⑤

※株式会社ローソンの第42期有価証券報告書を引用して作成

No. 05

［顧客満足度が大事!］

顧客満足度はどうやったら上がるの?

では、現在のマーケティングで最も重視すべき「顧客満足度」は、どうすれば上がるのだろう。

その答えが簡単に見つかるなら誰も苦労しないのだが、考える道筋としてはそれほど難しくはない。

それは、「**顧客の立場に立って考える**」ということだ。自分自身が顧客ならば、どうすればその商品・サービスを支持したくなるか、使い続けたくなるかを考えるのである。

例えば「情報」だ。どんなに良い商品・サービスでも、まずは知ってもらわなければ始まらない。情報を届けたいならば、顧客が「必要とするタイミング」で、「必要な内容・伝え方」で、「必要な媒体」で届けなければならない（図8)。

商品の提供についても同様である。顧客がその商品を「必要なタイミング」で、「必要とする量」だけ、「必要とする場所」に届けることが重要だ。このように、顧客に情報や商品を届ける一連の流れを正確にマネジメントすることを「**サプライチェーンマネジメント**」と呼ぶ。

顧客に情報を教えてもらおう

顧客への情報提供については、従来は一方的にダイレクトメールを送りつけたりする手法が一般的だった。

しかし、「双方向性」が大切な今のマーケティングでは、その手法は通用しない。一方的に送られてくるメールは「スパムメール」扱いされ、逆に顧客との関係性を壊してしまう。

そこで重要視されているのが「**パーミッション（事前許諾）マーケティング**」という考え方だ。つまり、事前に許可を得た顧客にのみ、マーケティングを行う考え方である。

このパーミッションは、当然ながら無理やり取るものではない。**顧**

図8 顧客の必要に合わせて情報や商品を届ける

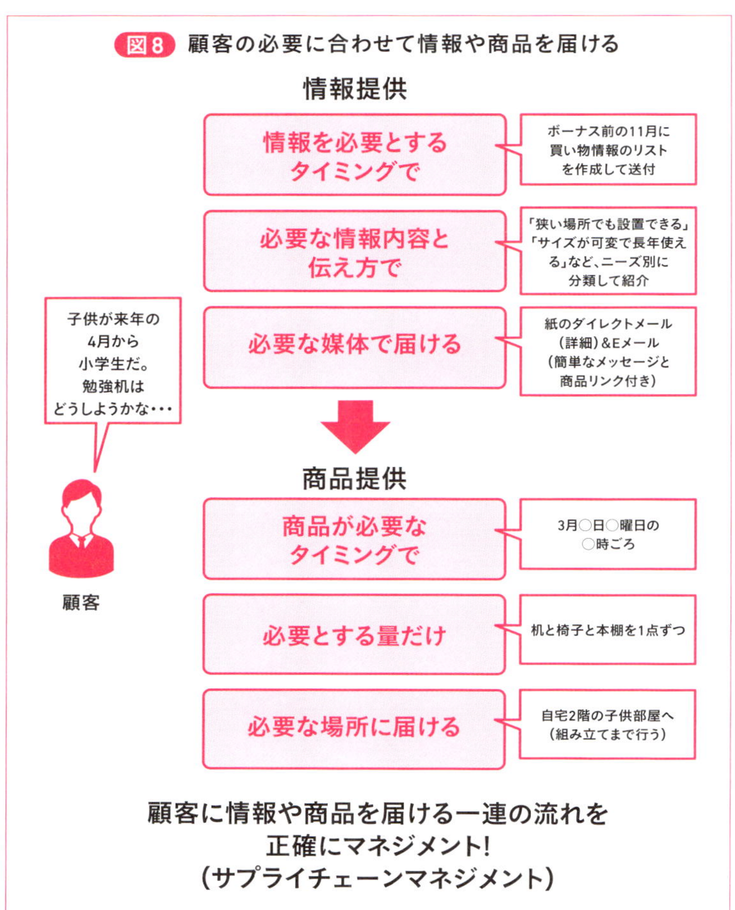

CHAPTER 1

客との普段のつながりの中で良好な関係を築いておき、「この企業の情報なら受け取ってもよい（自分に必要な情報を届けてくれる）」という信頼を得て、はじめて得られるものだ。

簡単なミッションではないが、顧客自身の性別や年齢、住所などの基本情報はもちろん、家族構成や趣味嗜好などの情報を得られれば、その顧客に最適な情報を届けられるようになる（図9）。

図9　一方通行のマーケティングは時代遅れ！

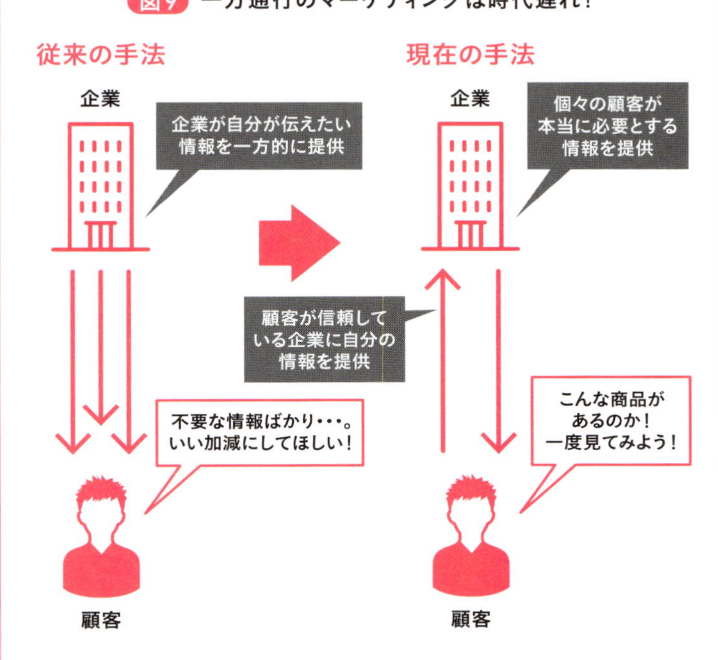

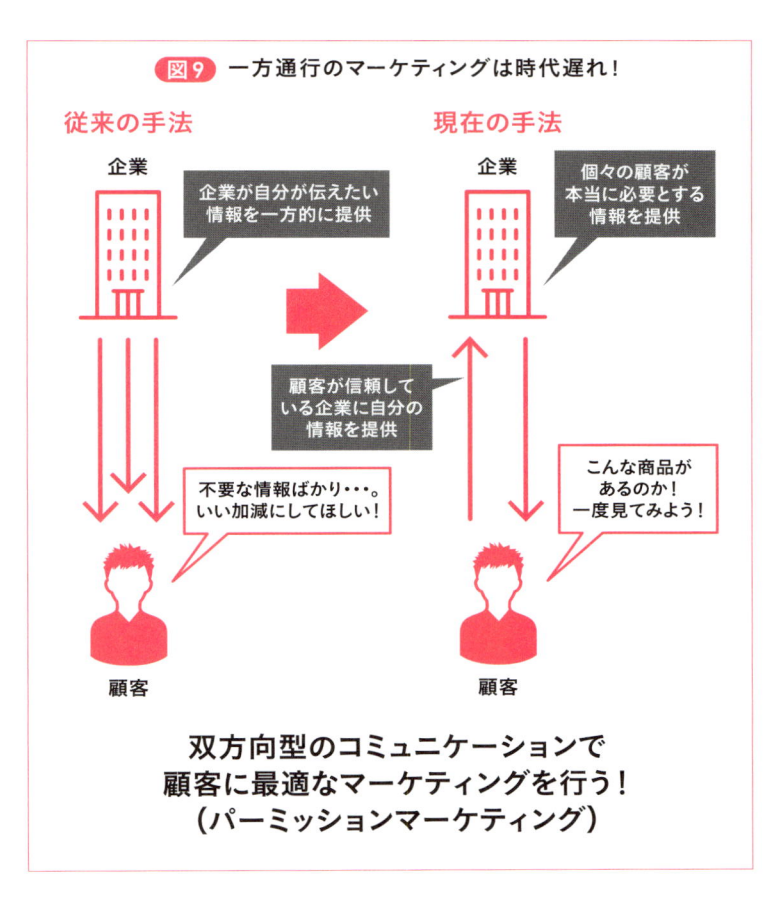

アフターフォロー＆改善も忘れずに！

必要な情報を届け、購入の意思決定までつなげたとしたら、先ほど触れた通り「必要なタイミング」で、「必要とする量」だけ、「必要とする場所」に届けることで、さらに信頼を勝ち取ることができる。その際は、宅配なのか店頭受け取りなのか、朝イチで欲しいのか夕方でもよいのか、小分けで包装したほうがよいのか、まとめて包装したほうがよいのか、贈答用の手提げ袋は必要か否かなど、顧客の要望をしっかりと確認することが、さらなる顧客満足度の向上につながる。

もちろん、顧客に商品を届け、代金を回収したらそれで終わりではない。購入後は、「お届けした商品はご満足いただけましたか？」と聞いたり、Eコマースなら感想伺いメールを入れたりなど、購入後の反応を聞き取り、それをもとにサービスを改善していくことも重要である（図10）。

こうした**アフターフォローまでを1つのパッケージとして提供し、顧客の声を聞き取って改善し続けること**が、顧客満足度を高め、マーケティングの成果を上げることにつながるのである。

図10 アフターフォローも忘れずに！

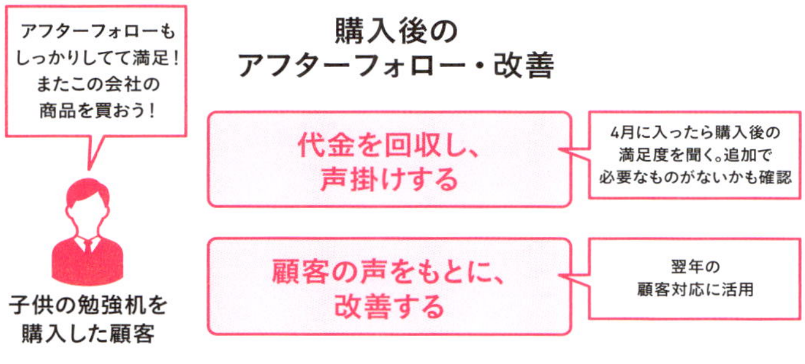

No. 06

［顧客満足度が大事!］

企業が伝える情報＜友人が伝える情報

なぜ顧客満足度が大事なのか。それは顧客満足度が高まると、「**良いものは人に伝えたくなる**」という事後行動につながるからだ。

ここで考えてみてほしい。あなたは、企業が発信しているお勧め情報と、信頼している友人が発信しているお勧め情報の、どちらを重視するだろうか。きっと「友人の情報」ではないだろうか。

企業の情報は「営利活動の一環」だが、友人の情報は純粋に「良い商品だと思うから人にも伝えたい」という想いから発信されている。当然、その効果も大きいわけだ。つまり、「顧客満足度」を上げることは、**顧客一人一人をあなたの商品・サービスの「営業マン」にすることにつながる**のである（図11）。

また、最近注目されているのが「アンバサダー」「インフルエンサー」と呼ばれる人たちだ。アンバサダーは特定の商品・サービスの熱烈なファンで、その商品の情報を積極的に発信している人、インフルエンサーは著名人や、SNSのフォロワー数が多い人など、周囲に影響力がある人を指す。どの人も純粋な「企業側」の人間ではないぶん（企業から一定の対価を得てはいるが）、発信する情報の共感度が高い。

彼らはよくファッション誌の「読者モデル」に例えられるが、**消費者と企業の間のパイプ役として、「消費者の立場」に立って語る人たち**、と思えばいいだろう（図12）。

今や企業の側の一方的な情報発信では、消費者には届かない。一人一人の顧客、アンバサダーやインフルエンサーなど「企業の人間ではない人たち」に、いかに好意的な情報を発信してもらうかどうかが大切なのだ。

図11 顧客満足度の向上は「良い評判」の拡散につながる

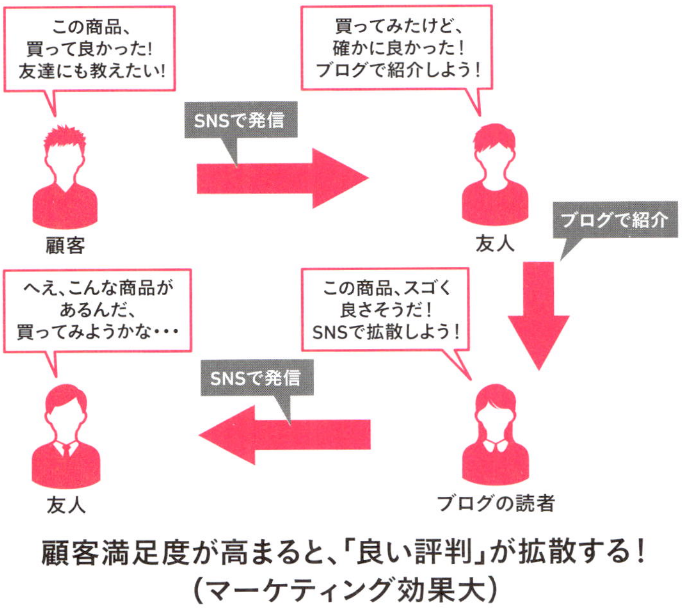

この商品、
買って良かった!
友達にも教えたい!

顧客

SNSで発信

買ってみたけど、
確かに良かった!
ブログで紹介しよう!

友人

ブログで紹介

この商品、スゴく
良さそうだ!
SNSで拡散しよう!

ブログの読者

SNSで発信

へえ、こんな商品が
あるんだ、
買ってみようかな・・・

友人

顧客満足度が高まると、「良い評判」が拡散する!
(マーケティング効果大)

図12 アンバサダーやインフルエンサーの役割

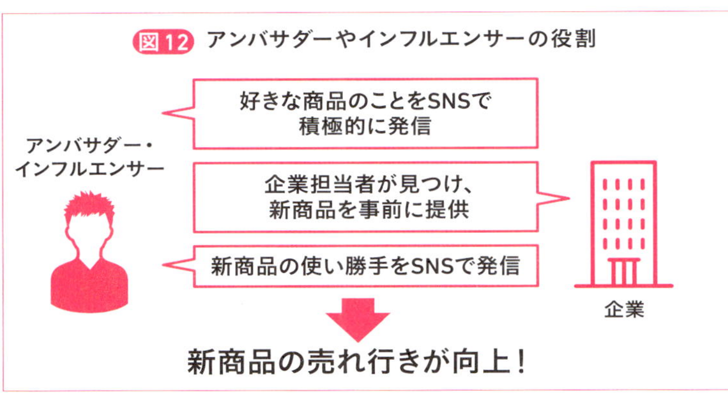

アンバサダー・
インフルエンサー
好きな商品のことをSNSで
積極的に発信
企業担当者が見つけ、
新商品を事前に提供
新商品の使い勝手をSNSで発信
企業
新商品の売れ行きが向上!

No. 07

［顧客満足度が大事！］

お客さまと企業が「一緒に」考える時代

これまでのように、「大量に生産して原価を下げ、安い価格で大量販売する」というやり方が通用しなくなるにつれ、企業側はより消費者・顧客に寄り添った立場で商品・サービスを考えるようになった。

例えば、街角やネットでアンケートを集めたり、顧客に集まってもらって実際に商品を使ってもらい、その感想を聞く利用者インタビューを行ったり、自社の商品ラインアップを一堂に展示して、企業の担当者が消費者・顧客に直接説明する「メーカー展示会」や「顧客招待イベント」を開催したり……（図13）。

すなわち、企業が自分の論理だけで商品を開発するのではなく、**「お客さまと一緒に」商品を考える時代になった**と言えるだろう。

また、このように顧客と直接の接点を持つことで、顧客に商品・サービスへの理解を深めてもらえるとともに、その企業のことをもっと「好き」になってもらえるという点も見逃せない。

前述したように、顧客と企業の関係は近くなったり遠くなったりするものだ。しかし、顧客と直接の接点を持つことで、単に商品・サービスを通してつながっていたときよりも、より深い**「エンゲージメント（顧客と企業との強固な関係）」**を築けるようになる（図14）。それが直接の対面であれ、ネットを通じた対話であれ、コンタクトセンターを通じた通話であれ、このようなエンゲージメントの強化は、今のマーケティング活動の中で特に重要になってくる。

デジタル化によって顧客とつながりやすくなり、また様々なデータが「見える化」している今だからこそ、顧客との関係性、すなわちエンゲージメントをより大切にしなければならないのだ。

図13 展示会の写真

図14 エンゲージメントを高める

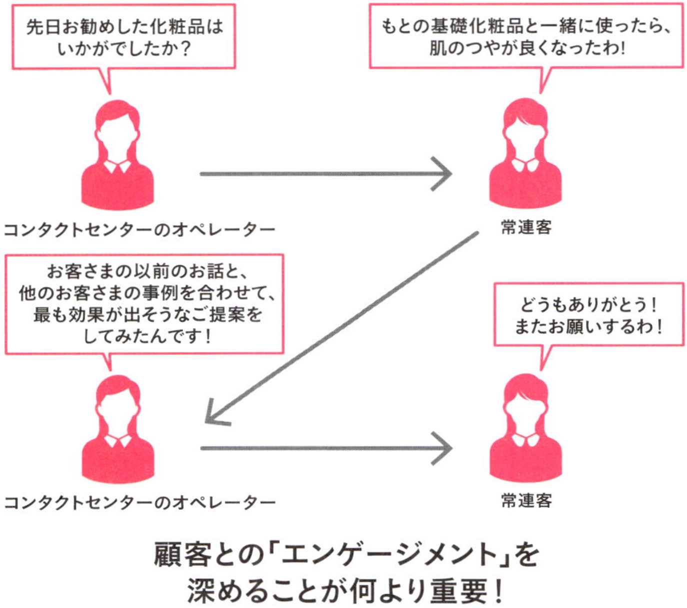

先日お勧めした化粧品は
いかがでしたか？

コンタクトセンターのオペレーター

もとの基礎化粧品と一緒に使ったら、
肌のつやが良くなったわ!

常連客

お客さまの以前のお話と、
他のお客さまの事例を合わせて、
最も効果が出そうなご提案を
してみたんです！

コンタクトセンターのオペレーター

どうもありがとう！
またお願いするわ！

常連客

顧客との「エンゲージメント」を深めることが何より重要！

No. 08 マーケティング用語集①

○イノベーター理論

1962年、米国スタンフォード大学のエベレット・M・ロジャース教授が著書の中で提唱した理論。市場を5つに区分して、各々の特徴を設定した。

○イノベーター

革新者。全体の2.5%。新しい技術や新商品をまず使ってみる層。

○アーリーアダプター

初期採用者。全体の13.5%。最新の情報を常にチェックしていて、機能や使い勝手を理解しながら新商品を取り入れる層。

○アーリーマジョリティ

前期追随者。全体の34%。新商品の導入には控えめで、自分から積極的には試さない。アーリーアダプターの動向を見ている。

○レイトマジョリティ

後期追随者。全体の34%。新商品の導入にはかなり控えめ。大多数の人が使っているのを見てからようやく手を出す。

○ラガード

遅滞者。全体の16%。最も保守的。世にどれだけ普及しようと新商品に手を出さない。イノベーションが伝統になるまで採用しない。

○フィリップ・コトラー

現代のマーケティングにおける重鎮。その理論は、時代の変化に合わせて進化し続けている。マーケティング3.0でネットの時代を表現し、最新のマーケティング4.0では顧客の自己実現を重視したマーケティングを提唱する。

○サプライチェーンマネジメント

小売・流通業などで、原材料の調達から加工、製造を経て、卸・小売を通じて最終消費者に商品が供給されるまでの全体の流れをサプライチェーンと呼び、この全体をコントロールすることをサプライチェーンマネジメントという。ブース・アレン・ハミルトンのK.R.オリバーとM.D.ウェバーが、1982年にはじめて提唱したとされる。

○AIDMA（アイドマ）

Attention（注意）→ Interest（関心）→ Desire（欲求）→ Memory（記憶）→ Action（行動）の頭文字を取ったもの。米国のサミュエル・ローランド・ホールが提唱したとされる。消費者が商品を認知し、購買に至るまでのプロセスを定義している。

○AISAS（アイサス）

Attention（注意）→ Interest（関心）→ Search（検索）→ Action（購買）→ Share（情報共有）の頭文字を取ったもの。日本の電通が提唱した。インターネット時代の消費者による購買プロセスを定義している。

○コンタクトセンター

企業の中で、顧客対応を行う部署。もともとは電話が中心だったのでコールセンターと呼ばれていたが、ネット化する中でメールやチャットなど、様々な顧客からのアクセスに対応することから、最近ではコンタクトセンターと呼ばれている。

>> マーケターインタビュー②

西井敏恭
（オイシックスドット大地／シンクロ）

マーケティングは面白い！

[Profile]

>西井敏恭（にしい・としやす）

株式会社シンクロ代表取締役社長兼オイシックスドット大地株式会社執行役員CMT（Chief Marketing Technologist）。1975年5月福井県生まれ。金沢大学土木建設修士課程。2年半にわたって世界一周しながらアジア、南米、アフリカ各地でインターネット上に旅行記を更新。2013年7月には『世界一周 私の居場所はどこにある!?』（幻冬舎）を出版。帰国後はEC企業にてSEOからアフィリエイトまで広くWebマーケティングに取り組むかたわら、旅行を続け訪問した国は100カ国近く。Webマーケティングのプロとしてデジタルマーケティングフォーラム「ad:tech（アドテック）」をはじめ、全国で講演多数。雑誌や新聞、テレビなどのメディア掲載多数。2017年10月『デジタルマーケティングで売上の壁を超える方法』（翔泳社）を出版。

○ネットの世界へは大好きな旅行から！

僕は旅行が好きで、学生時代もお金を貯めてはバックパッカーをしながら海外に行っていました。大学院を卒業し、あるゼネコンの内定をもらったものの、入社せずにフリーター生活。休みなくあらゆるバイトをして、貯めたお金で2年半の世界一周旅行に出たりしていたのですが、あるときホームページを作って旅行体験を発信したことが、大きな転機になりました。

当時（2001～03年）はまだブログがなかったので、自分でホームページを作成してYahoo!に登録したのですが、それが出版社の目にとまり、旅行本を出すことになったのです。無名な人が本まで出せるなんて、ネットって面白い世界だなと思いました。

そんなとき、旅先で知り合った人から「オズ・インターナショナル」というEコマース企業に誘われて、ネットの世界に入ったんです。それが2003年、27歳のときです。

マーケティング部に配属されたのですが、最初はどんな仕事かよくわからず、商品画像を加工して紹介文を書いたり、メルマガを配信したり、Webデザインやらプログラミングやら、何でもやってましたね。SEO、リスティング、アフィリエイトなど、毎年新しいことが始まるので、ネットの世界を楽しみながら、いろいろなことにトライしていました。

自分がやっていることが「Webマーケティングじゃないか？」と思い始めたのはそのころ（05～06年）だったと思います。

◯マーケティングを極めてみたい

07年にコスメの開発・通販会社「ドクターシーラボ」の城野会長とお会いする機会があり、「Webマーケティングを極めてみたい」という思いから、同社に転職しました。

あるとき会長に「マーケティングって何でしょうか？」と聞いてみたところ、「売れ続ける仕組みのことだよ」という答えが返ってきました。「SEOやサイト解析だけがマーケターの仕事じゃない」と気付いた瞬間でしたね。

また、城野会長は常に「顧客目線」で見ていました。細かい点はよくわからなくても、顧客の目線で「これは面白くない」「これは良くない」と改善指示をする。「お客さんが喜んでくれる商品・サービスだからこそ売上が上がる」ということがわかりました。それに気付いてからは、「クレームを潰す」のではなく、「肌がきれいになって外出が楽しくなった！」というような顧客の「声」を意識するようになりましたね。いい商品であるのは当然で、「その商品を使ったらどうだったか」が大事だと。「使い方をちゃんと伝えているか？」「効能をしっかり伝えているか？」そういうことを考えるようになりました。以前は「こうしたら売れるかな？買うかな？」だったのが、「自分や友人だったら買いたくなるかな？喜んでくれるかな？」に変わったという感じですね。

要は、僕がユーザーの立場で楽しいと思ったことは、お客さんも楽しいんだなってわかったんです。

当時、ある本を読んで面白い言葉を知りました。「100人に1人がどうしようもなく欲しい商品やサービスを作れば、日本では100万人に使ってもらえる」と。それ以来、どうせ考えても失敗するのだから、「どんどんお客さんに聞いてしまおう」という「顧客志向」になりました。

◯デジタルによる時代の変革とマーケティング〜

そんなとき、10年ぶりに再び南米とアフリカへ行ったんです。遺跡は当時のままでしたが、観光客はみんなスマホを持っていました。ホテルの予約、バスの時刻表も全部スマホ。インスタ映えする観光地で写真を撮る。宿もブログ評価で決める。チリのアタカマ砂漠では、同じ宿に日本人が何人もいて驚きました。みんなある人のブログで、この宿にたどり着いたらしいです。

いい意味でも悪い意味でも、ネットは「投稿数」と「評価」で判断するから偏りが出ます。デジタルによる時代の変革を感じました。以前は「旅行すること」そのものが目的だったけど、今は「SNSでチェックイン＆写真アップ」というのが旅行の目的だという人も多いのです。

価値観の変化を感じたんですが、これはデジタルマーケティングをやっていたからこそ気付いた変化だと思います。

旅行から帰ってオイシックス（現オイシックスドット大地）の高島社長と会ったときに、「今のマーケティングは“買いたくなる気持ち作り”だよ」と言われました。今までは「売る」目線だったのが「買う」目線に変わったんだ、と。

旅から帰ったら起業するつもりだったんですが、高島社長に「どっちもやったほうが西井さんらしいよね」ってそそのかされて、とても面白いなと思ってオイシックスに入りました。

◯マーケティングで日本を良くしたい

オイシックスで働くかたわら、今の「株式会社シンクロ」を設立したことには理由があります。

今まで日本は工場に投資して、モノ余りの時代になっても方針を変えず、時代とズレてきていました。データを活用すれば、マーケティング投資は大きなリターンがあります。日本が海外に負けたのは「技術力」ではなく「マーケティング」で負けたんです。

しかし、日本はまだまだマーケティングの投資に慣れておらず、マーケティングに特化した人材が育ちにくい土壌があります。

そこで、自分が専門スキルを極めて、相談できる人になろうと思い、株式会社シンクロを設立したんです。アドバイザーとしてたくさんの会社のマーケティングを支援したかったからです。

今は、みんなが少しずつマーケティングの仕事をする時代です。マーケティングのテクノロジーがだんだんユーザーに近づいていると思います。道具の変化はあっても、本質は変わりません。僕は、あるときは化粧品屋だったり、あるときは青果店だったりしていますが、志は変わりません。肌がきれいになってお出かけが楽しくなる手助けができたらいいし、食卓を楽しくする手助けができたらいい。

マーケティングってそういうものです。マーケティングを通じて、みんなも自分も楽しくなりたいですね。

COLUMN

社内調整＆会議ノウハウ①

マーケティングを遂行するには様々な社内調整が必要となるが、その際に求められるのが「コミュニケーション能力」だ。ただし、コミュニケーションほど難しいものはない。

そこで重視してほしいのが「会議」である。社内のコミュニケーションで、一番活用できるのは「会議」だからだ。そこで、上手な会議のまとめ方を紹介しよう。

まず大事なのが、ちゃんと会議の「アジェンダ」を作り、事前に共有しておくこと。アジェンダはA4用紙1枚に「①会議のタイトル」「②日時」「③開催場所」「④参加予定者」「⑤今回のテーマ」「⑥関連する課題（シンプルに箇条書き）」「⑦会議で決めること」をまとめる。「⑥と⑦について、事前に考えてきてください」という呼びかけも忘れずに。

会議当日は、「⑤～⑦」について説明し、進めていく。会議中はどうしても話が横道にそれることがあるが、その際も⑤～⑦を意識し、話を戻し続ける。

また、会議の時間割をイメージし、事前に決めておくことも大事だ。1時間の会議なら、最初の10分でアジェンダを再読して参加者の意識をそろえ、続く30分で議論を行い、最後の15分で内容を収束させていく、という具合だ。この時間割は最初に宣言しておくと、会議がスムーズに進む。話が散漫になってきたら、「時間があまりないので簡潔にお願いします」などと注意を喚起できる。

また、必ず終了の「5分前」に終わることを心がけると、忙しい参加者も集中して議論できる雰囲気になるはずだ。

CHAPTER

2

マーケティングの基本的な流れ

ここからは、マーケティングの「実務」について解説をしていく。まずは、マーケティング活動の「基本的な流れ」を学んでおこう。

No. 01

［マーケティングの進め方］

マーケティングの5つのステップ

マーケティングは、「**①環境分析→②戦略立案→③施策立案→④施策実行→⑤分析・改善**」という5つのステップで行う（図1）。

まずは①の「環境分析」だ。様々な分析手法があるが、「3C分析」と「SWOT分析」が、誰もが使いやすいのでお勧めだ。「現在」から「未来」にわたり、市場や顧客、自社や競合がどのような状況にあるのかを「見える化」するのが最初のステップである。

次に②の「戦略立案」。世の中や市場の状況が把握できたら、今度はその情報をもとに、「戦略」に落とし込んでいく。最初は簡易な「STP」（セグメンテーション、ターゲティング、ポジショニング）の手法を用い、どの顧客ターゲットに、どんな商品・サービスを知ってもらい、買ってもらうのか、その戦略を絞り込んでいこう。

戦略を立てたら、次は③の「施策立案」だ。誰が、いつ、どんなアクションをするのか。大きくは4P（プロダクト、プライス、プレイス、プロモーション）の枠にC（顧客視点）を加えて整理しながら、スケジュールとプロジェクト体制図、課題管理表に落とし込まなくてはならない。

施策を立案できたら、いよいよ④の「施策実行」だ。戦略立案で目的を明確にし、施策立案でプランニングされたアクションを、プロジェクト関係者がそれぞれ実行していく。なお、日々の結果は、BI（ビジネスインテリジェンス）ツールなどを用い、関係者全員に「見える化」することも大切だ。

施策を実施したら、⑤の「分析・改善」を行おう。「施策を実行して終わり」ではない。もともとの目的をどこまで達成できたのか、開始前と開始後のギャップがどれだけ埋まったのかを数字や資料で明確にすべきだ。その結果、その施策を**「継続する」「見直す」「打ち切る」**といった判断を下し、また次のマーケティング仮説に向かう。これが、マーケティングの基本的な流れである。

このように説明すると難しそうに感じるかもしれないが、決してそんなことはない。ここからは、それぞれのステップについて詳細に見ていくことにしよう。

図1 マーケティングの基本的な流れ

ステップ① 環境分析
世の中の状況を理解する(P.68/P.70)
→3C分析
→SWOT分析
ステップ② 戦略立案
どのターゲットに、何を買ってもらうかを絞り込む(P.72)
→STP
ステップ③ 施策立案
誰が、どんなアクションをするのか整理する(P.76)
→4P+4C
→体制図・スケジュール
→課題管理表
ステップ④ 施策実行
プランニングされたアクションを実行する(P.78)
→体制図・実行計画
→BI(結果の見える化)
ステップ⑤ 分析・改善
結果を分析し、改善する(P.80)
→仮説検証
→改善計画立案

No. 02

［ステップ① 環境分析］

3C分析で世の中を「見える化」する

「世の中」と言うと何を指すのか難しいが、わかりやすく「3C」というフレームワークで整理するのが3C分析だ。3つのC、つまり「**市場・顧客（Customer）**」「**自社（Company）**」「**競合（Competitor）**」というかたまりで世の中を区分する手法である（図2）。

①市場・顧客

まずは、自社の事業において、どのような市場・顧客がいるのか、またその市場・顧客の価値観やニーズはどのように変化しているのか、数値や時系列で把握していく。見るべき項目としては、地域（居住、勤務・通学先）、年齢、性別、職業、年収、学歴、家族構成（世帯）などの統計項目から、趣味、趣向のようなパーソナルなライフスタイルの情報まで含んだほうがよい。

②競合

同業他社、もしくは異業種からの進出企業なども含めて、自社と競合する事業を把握する。財務諸表や市場シェアとともに、各社の方針や施策まで整理する。可能なら、その施策がどれだけ市場・顧客に響いているのかまでつかんでおくとよい。

③自社

自社が持つ「**ヒト、モノ、カネ、情報**」の4つの要素で整理するとわかりやすい。また、市場・顧客のニーズや、競合との競争など、自社が市場においてどれだけ評価されているのか、市場シェアやリサーチ情報などで把握しよう。

このように、3つの「C」で考えることで、自社を取り巻く環境を把握しやすくなるのである。

図2 環境分析① 3C分析

・どのような市場・顧客がいる？
・今の価値観やニーズは？
・顧客の地域、年齢、性別、職業、年収、趣味嗜好は？
市場・顧客
(Customer)
競合
(Competitor)
自社
(Company)
・自社と競合する企業はどこ？
・競合の市場シェアはどのくらい？
・競合の方針や施策は？
・競合の施策はどれほど有効？
・自社が持つヒト、モノ、カネ、情報は？
・自社はどれほど市場に評価されている？
・自社の市場シェアはどのくらい？
この3つの「今」をきちんと整理・把握することが
マーケティングの第一歩！

No. 03

［ステップ① 環境分析］

SWOT分析で自社の強み、弱みを知る

3C分析の他に、世の中を把握するもう1つの切り口として覚えてほしいのが「SWOT分析」だ。SWOT分析とは、自社内部から見た「強み（Strengths）」「弱み（Weaknesses）」、外部における「機会（Opportunities）」「脅威（Threats）」を客観的に把握し、どのように市場で戦っていくかを導き出すものだ（図3）。

内部の「強み」「弱み」

今後の成長や未来を考えたときに、自社の資源（人材、生産設備、店舗網、技術開発力、資金、会員組織など）の「**強み、弱み**」を書き出してみよう。現在の強みは将来への取り組みのボトルネックになることもあるし、逆に弱みが、投資やチャレンジのきっかけになることもある。これは、**3Cの「自社（Company）」を、さらに時系列で見直す作業**でもある。

外部の「機会」「脅威」

今後の市場の中で、人口分布や消費者の傾向、世の中の技術環境などの変化によって、「**チャンスが生まれるもの**」「**脅威となるもの**」を書き出してみる。外部の要因は自分たちだけではなかなか変えられないものだが、事前に整理・把握しておくことで、対応案を準備したり、リスク対応を正確に行ったりすること可能になる。これは、**3Cの「競合（Competitor）」「市場・顧客（Customer）」の時系列の変化**に注目する作業でもある。

3C分析の「市場・顧客」「競合」「自社」の把握に加え、このSWOT

分析を行うことで、将来の市場やニーズについての「**課題とリスク**」が明確になり、次の戦略に落とし込みやすくなるのである。

図3 環境分析② SWOT分析

・自社資源の強みは？
・自社資源の弱みは？
プラス要因
リスク要因
内部環境
強み
(Strengths)
弱み
(Weaknesses)
外部環境
機会
(Opportunities)
脅威
(Threats)
・外部の変化によって生まれそうなチャンスは？
・外部の変化によって生まれそうな脅威は？
この4つを事前に整理しておくことで、
将来的なプラス要因もリスク要因も全て
「チャンス」に変えられる！

No. 04

［ステップ② 戦略立案］

STPで「ギャップ」を埋める戦略を立てる

環境分析によって世の中の変化を理解し、自分たちの立ち位置を把握したら、いよいよマーケティングのコア部分となる「戦略」を立案していく。環境分析を行うと、「**なりたい姿（目的・目標）**」と「**現状の姿**」とのギャップが洗い出されるはずだ。

そのギャップをどのように埋め、なりたい姿にたどりつくのか、そのための作戦が「戦略」である。

ここでは誰もが使いやすいSTP（セグメンテーション、ターゲティング、ポジショニング）の考え方で整理してみよう（図4）。

セグメンテーション（Segmentation）

まず、市場・顧客をいくつかの「かたまり」に分けていく。つまり「市場の細分化」だ。統計項目的な分け方もあるが、趣味嗜好やライフスタイルのような、「**心理的な部分**」で分けるほうが、戦略に落とし込みやすい。

ターゲティング（Targeting）

セグメンテーションで分けた「かたまり」ごとに、自分たちのターゲットとなりそうな人がどれだけいるのかを整理・把握する。その際には「現在の状況」だけではなく、SWOT分析などでわかった「**将来の可能性・成長性**」も含めて考えるとよい。費用対効果を考え、有望な顧客ターゲットの多い「特定のセグメント」に絞り込んで集中することもあれば、広く「複数のセグメント」を対象に、「各セグメント内の有望な顧客ターゲット」を狙うこともあるだろう。

ポジショニング（Positioning）

最後に、顧客ターゲットが「自分たちの商品・サービス」を選んでくれるよう、**市場での立ち位置**を明確にする。例えば「専門性の高いハイエンド商品」という立ち位置に絞ったり、逆に「普及型の安価な商品」という立ち位置にすることもあるだろう。

図4 STPによる戦略立案

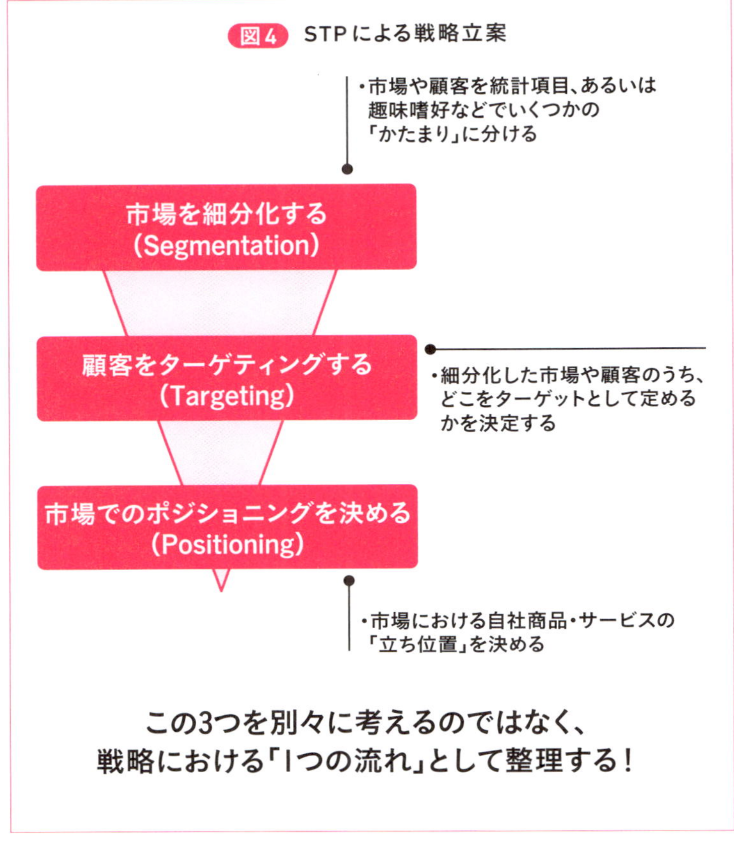

・市場や顧客を統計項目、あるいは趣味嗜好などでいくつかの「かたまり」に分ける
市場を細分化する（Segmentation）
顧客をターゲティングする（Targeting）
・細分化した市場や顧客のうち、どこをターゲットとして定めるかを決定する
市場でのポジショニングを決める（Positioning）
・市場における自社商品・サービスの「立ち位置」を決める
この3つを別々に考えるのではなく、戦略における「1つの流れ」として整理する！

CHAPTER 2

立ち位置の取り方によって、競合と差別化したり、特定の顧客ターゲットを取り込んだりすることが可能になる。このときのポイントは、**「顧客はどのような判断基準で購入に至るのか」という仮説をしっかりと立てること**だ。価格や機能面でなく、「心理面」にもできる限り注目しよう。

なお、「STP」の3つの項目は密接につながっているので、個別に見るのではなく、**つながりを考えながら同時に整理する**のがお勧めだ。

戦略立案時の注意点

戦略が固まったら、いよいよ具体的な戦術（施策）に落とし込むことになるが、ここで注意してほしいことがある。

それは、企業のどの階層においても、**「戦略」と「戦術（施策）」が常にセットで説明されなければならない**ということだ。

全国に支社や事業部を持つ企業であれば、「経営層の戦略と戦術」「本社事業部の戦略と戦術」「支社・地域事業部の戦略と戦術」のように、階層ごとに戦略と戦術を整えなければならない。

あるいは、「営業部」「販促部」「広告宣伝部」のようにヨコ通しでマーケティング施策を実施するときも同様だ。全体の「なりたい姿（目的・目標）」を見据え、**各チーム間でそれぞれ整合性を取りながら、戦略・戦術を作ること**が重要である（図5）。

もし共通のなりたい姿（目的・目標）に対して、各階層に戦略と戦術がなければ、達成することは難しくなる。なぜなら、立案・実行フェイズにおいては、常に状況が変化するからだ。

その変化に対して、迅速に、かつ臨機応変に対応するためには、各々の階層・部門が、その階層に準じた戦略と戦術を考えておく必要があるのだ。「上の人は戦略立案だけ」「現場の人は戦術（施策）だけ」という考え方では、スピード感を増す今の世の中には対応できないのである。

図5 共通の目標に対して、各部門が戦略＆戦術を整える

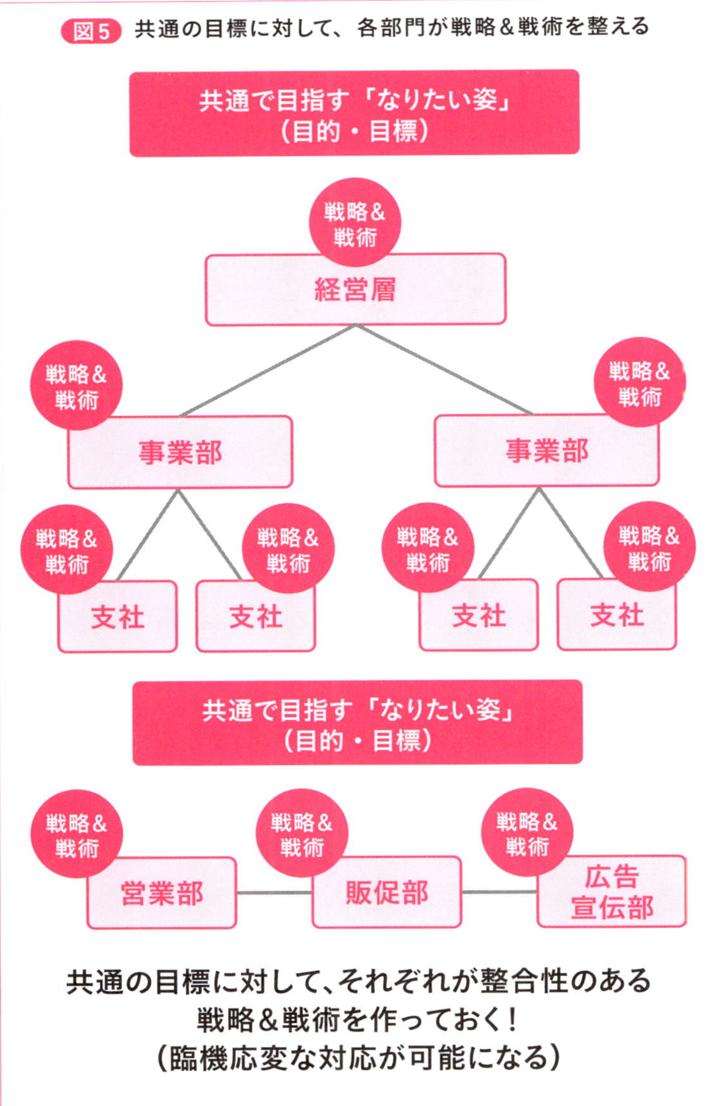

No. 05

［ステップ③ 施策立案］

「4P」＋「4C」で顧客視点に立った施策を立てる

「顧客視点」の製品・価格・流通・販促

市場環境を分析し、戦略を立てたら、その戦略を実現するための施策を考える必要がある。ぜひ取り入れてほしいのが**「4P」と「4C」というフレームワークを掛け合わせて考えること**だ（図6）。

4Pとは「製品（Product）」「価格（Price）」「流通（Place）」「販促（Promotion）」のことで、「**企業視点**」でマーケティング施策を考えるフレームワークである。

一方4Cは、「顧客にとっての価値（Customer Value）」「顧客が負担するコスト（Cost）」「顧客の利便性（Convenience）」「顧客とのコミュニケーション（Communication）」のことで、こちらは「**顧客視点**」に立って施策を考えるフレームワークである。

もともと企業視点だった4つの「P」に、顧客視点である4つの「C」を足すことで、「その製品は顧客のどんな課題を解決するか？」「顧客ニーズを満たしたときの適正価格は？」「買いたいと思ったときに顧客が選びやすい販売チャネルは？」「顧客ターゲットとコミュニケーションできるプロモーションは？」というように、4Pにおける**「製品・価格・流通・販促」の施策を顧客視点で考えることができる**ようになる（図7）。

従来のようなプロダクトアウトの企業の視点ではなく顧客の視点に寄り添ったとき、どんな施策が顧客満足度の向上につながるのか？この4つの視点で整理しながら、社内外の組織体制作りや課題管理表、スケジュール表などに落とし込んでいくことが大切だ。

図6 4P＋4C

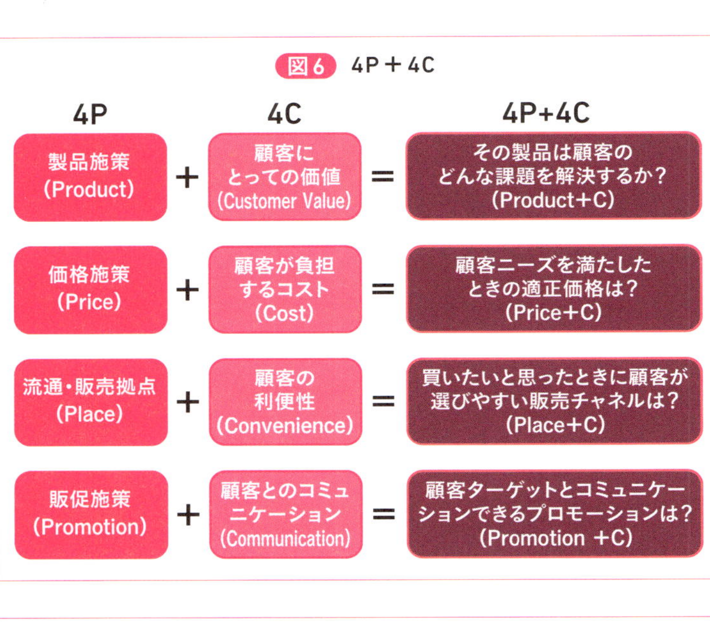
4P
4C
4P+4C
製品施策
(Product)
顧客にとっての価値
(Customer Value)
その製品は顧客のどんな課題を解決するか？
(Product+C)
価格施策
(Price)
顧客が負担するコスト
(Cost)
顧客ニーズを満たしたときの適正価格は？
(Price+C)
流通・販売拠点
(Place)
顧客の利便性
(Convenience)
買いたいと思ったときに顧客が選びやすい販売チャネルは？
(Place+C)
販促施策
(Promotion)
顧客とのコミュニケーション
(Communication)
顧客ターゲットとコミュニケーションできるプロモーションは？
(Promotion +C)

図7 施策立案時に検討すべきこと

課題	検討事項
①その製品は顧客のどんな課題を解決するか？（製品による顧客ソリューション）	・その製品はどの市場・顧客にどのように使ってもらうのか？ ・製品が満たす顧客のニーズは何か？ ・どのように課題を解決するのか？
②顧客ニーズを満たしたときの適正価格は？（顧客視点の価格設定）	・流通・販売コストを積み上げた価格ではなく、顧客がこの製品に満足したときに払ってくれるであろう価格はいくらか？ ・販促キャンペーンあるいは製品のライフサイクルを考えたとき、どこまで価格幅を持たせるか？
③顧客が選びやすい販売チャネルは？（購入時の顧客利便性）	・顧客の購入利便性を考えたとき、どのような「販売チャネル」（自店舗、小売店、自社EC、楽天やアマゾンなどのネットモールなど）と「商品供給方法」（直販、卸経由、小売店取引きなど）を用意すべきか？
④顧客ターゲットとコミュニケーションできるプロモーションは？（販促による顧客コミュニケーション）	・①～③の3つを踏まえたとき、どんな販促施策で市場・顧客に伝えるべきか？ ・その後の継続的なコミュニケーションで、エンゲージメント（より深いつながり）を築くことはできるか？

No. 06

［ステップ④ 施策実行］

施策を実行したら「見える化」する

環境分析、戦略立案さらに具体的な施策立案まで落とし込んだら、あとはその施策を実行に移すだけである。

施策を実行したら、**期間を決めて定期的に検証すること**が大切だ。正しく検証するためには、施策の結果を「見える化」し、関係者の誰もが同じ結果を確認できるようにしておくことが重要となる。

単品の販促施策であれば、「3日目、5日目、7日目、10日目」のように細かく追うのもよいだろう。複数の販促施策を長期にわたって行っているキャンペーンであれば、「10日目、15日目、30日目、45日目」のように、少し長めの期間で見るのもよい。この検証期間も事前に決めておくべきだ。

情報を共有してPDCAを回そう

このように、「見える化」するにあたっては、**どの項目をどのような区分で扱うかも事前に決めておく**べきだ。

「項目」とは、「売上」「利益」「販売数」「客数」「予約数」「問い合わせ件数」「ネット閲覧数」などのこと。一方「区分」とは、「日別・週別」のような期間に加え、「県別・地域別」「部門別・ジャンル別」「チャネル別」などの分類の仕方のことだ。

このように項目や区分を決定したら、EXCELなどの決まったフォーマットで帳票を準備し、定期的（毎日・毎週）にメール添付で関係者に共有するとよいだろう（図8）。

また、多少高額になるが、BI（ビジネスインテリジェンス）ツールと呼ばれる、各帳票の元データをネット上に更新・保管し、様々な切り口で分析できるソフトウェアもある。

施策結果の良し悪しにかかわらず、一定のタイミングで関係者全員にデータを共有し続けることが大切だ。

こうして日々の施策の結果を「見える化」したら、関係者が自分なりの仮説検証を行い、会議の場などの場を設けてその意見を集約する。改善すべき点が定まったら、次の施策に反映するわけだ。

施策の実施後はもちろん、実施中も、この「情報共有」を「PDCA」を意識して行うことが重要である。

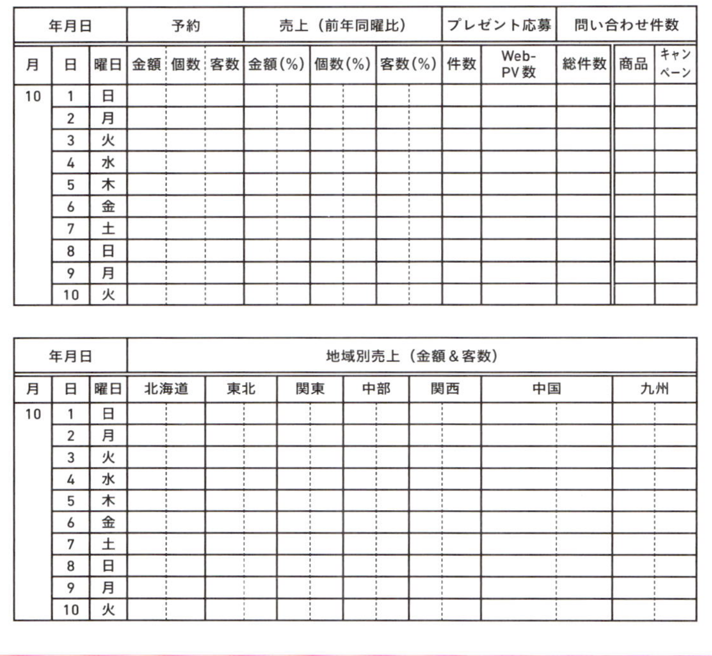

図8 EXCEL帳票のイメージ

秋の全国キャンペーン　追跡表

年月日			予約			売上（前年同曜比）			プレゼント応募		問い合わせ件数		
月	日	曜日	金額	個数	客数	金額(%)	個数(%)	客数(%)	件数	Web-PV数	総件数	商品	キャンペーン
10	1	日											
	2	月											
	3	火											
	4	水											
	5	木											
	6	金											
	7	土											
	8	日											
	9	月											
	10	火											

年月日			地域別売上（金額＆客数）						
月	日	曜日	北海道	東北	関東	中部	関西	中国	九州
10	1	日							
	2	月							
	3	火							
	4	水							
	5	木							
	6	金							
	7	土							
	8	日							
	9	月							
	10	火							

No. 07

［ステップ⑤ 分析・改善］

継続・見直し・打ち切りの意思決定を行う

施策の実施後は、必ず開始前のプランに基づいて「検証作業」を行い、その後の意思決定をしなければならない。

その結論は「**①継続**」「**②見直して継続**」「**③打ち切り**」の3つに分けられる。

施策結果が好調な場合は「①継続」を決定することになる。

一方、検証の結果、改善点が見つかった場合は、「②見直して継続」を選択する。この場合、**軽微な改善はすぐに行い、大きな改善は改善タイミングを前もって決めてから改善する**のがポイントだ。

思ったような効果が出ず、この先の見込みも薄いときは、「③打ち切り」を決定する。施策を打ち切る場合は、販売チャネル上での混乱がないように、準備と情報共有が必要だ。そのうえで、「止める日付」を決定しよう。

施策の実施中も日々数値を見える化し、共有しておけば、各担当・各部署が、それぞれ①～③の意見とその根拠を持ち合わせているはずだ。その意見をぶつけ合い、最終的な意思決定を行おう。

「体裁」や「体面」にこだわるのは絶対NG！

このとき大切なのは、市場・顧客は常に変化していくので、「**計画通り実施しても、全てがうまくいくわけではない**」ということを「前提」として分析し、その後の対応を議論することだ。部署のプライドや、「予算を取ったからには成果を出さないと」という組織評価を意識してしまうと、顧客の立場に立ったマーケティングができなくなってしまうからだ（図9）。

たとえ③の打ち切りになったとしても、前もって立てた仮説に対して、数値や事象を正確に追って分析し、判断したのであれば、それは**その後の活動のための貴重な経験値**になる。

こうして人や企業、組織が学んで成長することは、時には戦略と施策が成功すること以上に重要なことだ。だからこそ、施策後の評価をしっかり行うことが大切になるのだ。

図9 見直し？ 打ち切り？ 継続？

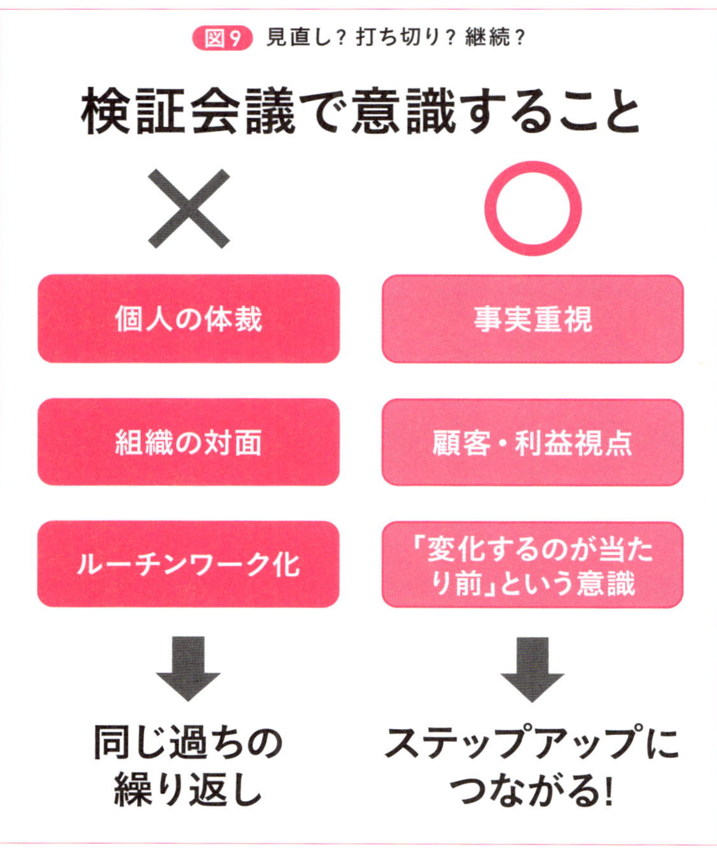

No. 08 マーケティング用語集②

○3C分析

市場環境調査のためのフレームワーク。「市場・顧客（Customer）」「競合（Competitor）」「自社（Company）」の3つの切り口で分析する。それぞれの頭文字をとって3Cと呼ぶ。

○SWOT分析

マーケティングを取り巻く外部環境と内部環境をプラス要因とマイナス要因の4つに振り分けて見える化するフレームワーク。「強み（Strengths）」「弱み（Weaknesses）」「機会（Opportunities）」「脅威（Threats）」の4つの頭文字をとってSWOTと呼ぶ。

○STP

マーケティング戦略を策定するときに、狙うべき市場とその中の顧客ターゲットを明確にし、その中でどんな立ち位置となって顧客にアピールするかを明確にする手法。「セグメンテーション」「ターゲティング」「ポジショニング」の頭文字を取ってSTPと呼ばれる。

○4P

マーケティングの具体的な施策を立案する際に、「製品（Product）、価格（Price）、流通（Place）、販促（Promotion）」の4つを組み合わせて行うフレームワーク。エドモンド・ジェローム・マッカーシーが提唱した。この4つを企業が組み合わせてマーケティングを行うので

「マーケティングミックス」（ハーバードビジネススクールのニール・ボーデン教授が提唱）と呼ばれる。

○ 4C

米国の経済学者ラウター・ボーンが提唱したフレームワーク。4Pが企業側のプロダクトアウト的であるため、4Pを顧客の視点から捉え、「顧客価値（Customer Value）、顧客にとっての経費（Cost）、顧客利便性（Convenience）、顧客とのコミュニケーション（Communication）」とした。

○ PEST分析

コトラーが提唱する市場を再定義するためのフレームワーク。「政治（Politics）、経済（Economics）、社会（Society）、技術（Technology）」の4つの頭文字をとってPESTと呼ぶ。

○ 5F分析

ハーバードのマイケル・ポーターが提唱した業界分析のためのフレームワーク。「1. 新規参入の脅威、2. 代替製品の脅威、3. 顧客の交渉力、4. 供給業者の交渉力、5. 競争業者間の敵対関係」の5つの圧力を挙げて、5F（ファイブフォース）と呼んでいる。

○ PDCA

業務プロセスの管理手法の1つで、計画（Plan）→実行（Do）→評価（Check）→改善（Act）という4段階の活動を繰り返し行うことで、継続的にプロセスを改善していく手法。

>> マーケターインタビュー③

前田徹哉
（タワーレコード）

フレームワークでマーケティングの「型」を作る

[Profile]

> 前田徹哉（まえだ・てつや）

1963年生まれ。慶應義塾大学卒業後、西武百貨店にて営業政策業務を担当。その後プライスウォーターハウスコンサルタント（PWC、現日本IBM）にて小売業や製造業のマーケティング戦略立案や顧客情報活用支援などのコンサルティングに従事。株式会社スクウェア・エニックスのオンライン事業部長としてECを統括後、2011年10月から現在に至るまでタワーレコード株式会社オンライン事業本部長として統括の任に従事している。

TOWER RECORDS

よく社内の面談で、「ロジカルに物事を考えるための3つのフレームワーク」の話をします。

1. 「目的」と「手段」を整理する
2. 「マトリクス」で複眼的に考える
3. 何が「原因」で何が「結果」なのか考える

特に、頑張ってるけどなかなか結果が出ない人は、この3つが弱いからです。

1.「目的」と「手段」を整理する

例えば、「ドライヤー」の目的は何か?って聞くんです。「髪の毛を乾かすこと」って答える人が多いですが、いやいや、ドライヤーには「冷風」もあるし、カッコいい髪形に仕上げて、デートを楽しむためかもしれないよ、とね。

冷風・温風、風量など、髪形をカッコよく、あるいは可愛くセットする機能が「手段」。その手段を経て、イキイキとした生活をするのが「目的」だ、という考え方です。

ビジネスで有名なたとえがありますよね。レンガを運んでいる人に、「あなたは何をしていますか?」と尋ねたら、1人目は「レンガを運んでいる」と答えた。2人目は「壁を作っている」と答えた。3人目は「大聖堂を作っている」と答えた。最後の人だけが、仕事の目的をちゃんと理解している、というわけです。この考え方ができていたら、たとえレンガが足りなくなっても、「ここの壁は重要じゃないからこっちに移して使おう」と臨機応変に考えることができます。

手段・やり方はいろいろあるけれど、自分の仕事が、何のためにあり、何の役に立っているのか、つまり「目的」をしっかり考えられるようにすることが大事なんです。

こうしたロジックツリーがきちんと描けるようになると、仕事ができるようになってきます。

2.「マトリクス」で複眼的に考える

以前勤めていた西武百貨店で苦戦していたころ、フォーカスすると売上・利益が上がるという『フォーカス』(アル・リース著、ダイヤモンド社、1997年)が社内の課題図書となりました。この本の良し悪しの話は置いといて、そもそも僕は絞り込む前に、「多角化したらダメなのか？」「集中したらうまくいくのか？」など、ちゃんとその企業のポートフォリオを見なければいけないと思います。

同じ時代にコダックは多角化→集中で失敗して、富士フイルムは多角化で成功しています。その企業のリソースや様々な条件をマトリクスで並べて、複眼的に考えることが大事なんです。常に「視野は広く」「施策は集中して取り組む」という姿勢が大事です。

3. 何が「原因」で何が「結果」なのか考える

原因分析・PDCAもしっかり行わなくてはなりません。P（計画）、D（実行）ばかり注力して、その上のC（評価）、A（改善）のやり方が間違ってたら、いつまでも良い結果が出ません。仕事をする中で、「効果（同じ力でも最大のアウトプット）」と「効率化（無駄なく目的にたどりつく）」の両方を意識することが大事です。その因果関係は本当なのか？偶然ではないのか？逆に見ていないか？よく考えて見極める。人は失敗から学ぶものですが、肝心なところが見えていないと成長しません。「常に考え続けていること」が大事です。

○フレームワークでマーケティングの「型」を作る

フレームワークにも良い点、悪い点があります。例えばPEST分析や5F分析を使った結果、見えてきたのが「少子高齢化」「ITの進化」だったとしたら、それは誰でもわかっていることをわざわざフレームワークで難しくしているということです。やたらフレームワークを使って、「イシュードリブン」で課題を積み上げてもしょうがない。「ビジョンドリブン」で目標・目的を見て、前に進んでいかないといけないんです。常に正しくフレームワークを使い続けると、インプット次第でアウトプットが変わるのがわかります。フレームワークはそのための重要な武器なんです。

マーケティングでフレームワークを使うときは、KPI至上主義にならないように注意しなければなりません。「カスタマージャーニー」や「CVR至上主義」は、目標・目的を間違うことがあるので要注意だと思います。

マーケティングには公的資格がないからこそ、「型」が必要です。プロセスは各社ばらばらですが、自社の「型」を持ってプロセスの「見える化」をすべきです。だからこそ、企業にはCMO（チーフマーケティングオフィサー）が必要だと思います。経営者の視点で「マーケティング・プロセス」を明確にし、その企業のマーケティングの「型」を決めて、作り出せるのがCMOです。本書にも出てくる「商品勘定→顧客勘定」の話（P.152）は、私も重視していますが、目的そのものを明確に「顧客リピート」と定義しています。商品売上ではなく、「アクティブな顧客の数」と、その「年間買い上げ金額」が重要なのです。私もいつもこの2つを重視し、ロジカルにマーケティングを行っています。

フレームワークで言えば、PWC時代に学んだ6レバー（商品、顧客、組織人事、文化風土、IT、プロセス）もよく活用していますね。特に「組織人事」と「文化風土」は、日本では重要な要素です。文化風土とはある時間とエリアに特有の考え方と行動様式ですが、これを無視すると失敗することが多い。

いろいろなフレームワークを学び、常に目的と手段を明確にしたうえで活用できたら、それは自分のマーケティングの型を作るということになります。そのためには、前も言った通り「常に考え続けること」が大切です。自分で何度も考えてこそ、このときにはこのフレームワークが使いやすい、という「型」ができてくるんです。

COLUMN

社内調整＆会議ノウハウ②

P.64で上手な会議の進行方法を紹介したが、スムーズな社内調整のためには、「会議を終えたあとの対応」も大事だ。会議で最も大事なのはアジェンダだが、次に大事なのが「議事録」である。会議が終わったら、なるべく早めに（できれば1時間以内、遅くとも当日中に）A4用紙1～2枚の議事録を作成し、参加者と各上長に共有しよう。

議事録にまとめる項目は「①会議のタイトル」「②日時・場所」「③参加者（敬称略）」「④今回のテーマ」「⑤決まったことと、担当者・納期」「⑥次回開催日」「⑦重要発言と発言者（スペースに合わせて）」だ。ちなみに最も大事なのは「⑤決まったことと、担当者・納期」である。

議事録を配布したあとは、「声掛け」も忘れずに。配布時にきちんと確認してくれればよいが、忙しい人はなかなかそうはいかないものだ。特に⑤の担当者には必ず声掛けをし、意識してくれているかどうか確認しよう。

なお、次回の会議は、前回の⑤で決まったことの進捗状況から始める。そのためにも、事前に各担当者から、簡単な進捗報告を集めておくとよい。もし進捗が悪い・ない場合には、担当者と一緒に協議し、関係先を一緒に回るなどして調整する。責めても何も生まれないので、「困っていること」を共有し、一緒に解決策を考えるようにしよう。この繰り返しができれば、社内調整が得意になるはずだ。社内調整の目的は、「あなたが実現したいこと」に賛同・協力してもらい、成果を出すことである。そのことを忘れないように。

CHAPTER

3

マーケティングを行うための準備

マーケティングを行うためには「準備」が必要だ。世の中の情報を知るにはどんな統計データを使うのか、社内の数字を知るにはどんな帳票を使うのか。情報源と活用の仕方を知っておこう。

No. 01

［チェック①］

「自社」を知るための指標って？

3C分析の解説（P.68）で、「自社を知る」とは、自社の「ヒト・モノ・カネ・情報」を洗い出すことだと述べた。それが、「自社の市場における立ち位置」の把握や、目指すべき将来像を見える化することにつながるからだ。では、そもそも自社の「ヒト・モノ・カネ・情報」や「市場における立ち位置」とは、具体的に何を見ればよいのだろうか。代表的なものを挙げてみよう。

「ヒト」とは、そもそもの「社員数」や「マーケティングに投入できる人数」だ。それ以外にも、「メンバーが持つスキル」「組織（チーム）体制や会議のスタイル、決定プロセス」「関連する取引先や協力会社のメンバーやそのスキル」なども挙げられる。

「モノ」とは、「自社商品やサービス」「販売網」「生産設備」「保有するWebメディア」「物流システム」などのことだ。

「カネ」は、大きくは「資本金」「株価や評価額」「上場・非上場」だったり、具体的な「**マーケティング業務に投入できる予算の規模感**」なども該当する。

最後の「情報」とは、「保有する会員・顧客情報」「販売データ」「各種調査データ」などのことだ。

また、案外見落としがちだが、自社の「**企業理念**」もチェックしておきたい。大抵の企業には、その企業が「目指す姿」をまとめた企業理念がある。経営層から現場まで、その企業理念に基づいて判断・行動しているはずだからだ。

そして、「市場における立ち位置」とは、自社商品・サービスの「市場シェア」「販売ランキング」「外部評価（SNS、『会社四季報』や『日経会社情報』などの情報誌、人材紹介会社などの評価)」が挙げられるだろう。

自社のことは、つい過信したり、逆に「何もない」と卑下したりしがちで、正確な理解がなされていないことも多い。だからこそ、改めて自社についてしっかり調査／整理することが大切だ（図1）。

図1 自社を知る指標アレコレ

企業理念
自社が「目指す姿」

ヒト
- 社員数
- マーケティングに投入できる人数
- メンバーが持つスキル
- 組織(チーム)体制や会議のスタイル
- 決定プロセス
- 取引先や協力会社のメンバーやそのスキル
- 教育や研修システム など

モノ
- 商品やサービス
- 販売網
- 生産設備、工場
- 倉庫や物流システム
- オウンドメディア
- 社内ITシステム
- 車両、備品、什器など

カネ
- マーケティングに投入できる予算規模
- 資本金
- 株価や評価額
- 上場、非上場
- 売上高や利益の規模
- メインバンクなど

情報
- 顧客、会員情報
- 商品マスターデータ
- POSレジやEコマースなどの販売データ
- 各種調査データなど

市場における立ち位置
- 商品、サービスの市場シェア
- 販売ランキングの順位
- 自社の企業ランキングや業界におけるシェア
- 外部評価(SNS、『会社四季報』や『日経会社情報』などの情報誌、人材紹介会社などの評価)

No. 02

［チェック②］

「競合」を知るための指標って?

自社と同じように、「競合」を知るための指標も見てみよう。具体的に、競合の何を知ればよいのだろうか。

業界・企業・事業をリストアップする

昨今は「業界」もボーダーレス化が進んでおり、**業界間でいろいろ重なり合う**ようになっている。製品のジャンル区分だけでなく、顧客の利用やライフシーンに合わせて取り扱いサービスが広がり、業界の区分を超えているのだ（図2）。

例えば「デジタルカメラ」という製品ジャンルで考える場合、メーカー視点で見れば、従来なら各デジカメメーカーの製品が競合関係にあったが、「**顧客にカメラ機能を提供する製品**」と考えるなら、スマートフォンやタブレットも競合となりうる。つまりアップルなど、スマホやタブレットの開発メーカーも競合として考えなければならないということだ。

販売チャネルを見ても、カメラ専門店、大手家電量販店、各通信キャリアショップ、各種ECサイトなど、様々なチャネルが考えられる。撮影した写真の「プリントサービス」も考慮するならば、印刷会社やコンビニ、様々なWebサービスも競合となりうるだろう。

昨今は企業規模も様々になり、いわゆる尖った技術やアイディアで、店舗や生産設備を持たずに、スマートフォンアプリやIoTというチャネル（顧客接点）だけでチャレンジするベンチャー企業も増えている。よって、企業・事業だけでなく、**「サービス」や「チャネル」の競合という視点も含めて、総合的に把握する**必要がある。

図2 様々な視点で「競合」を考える

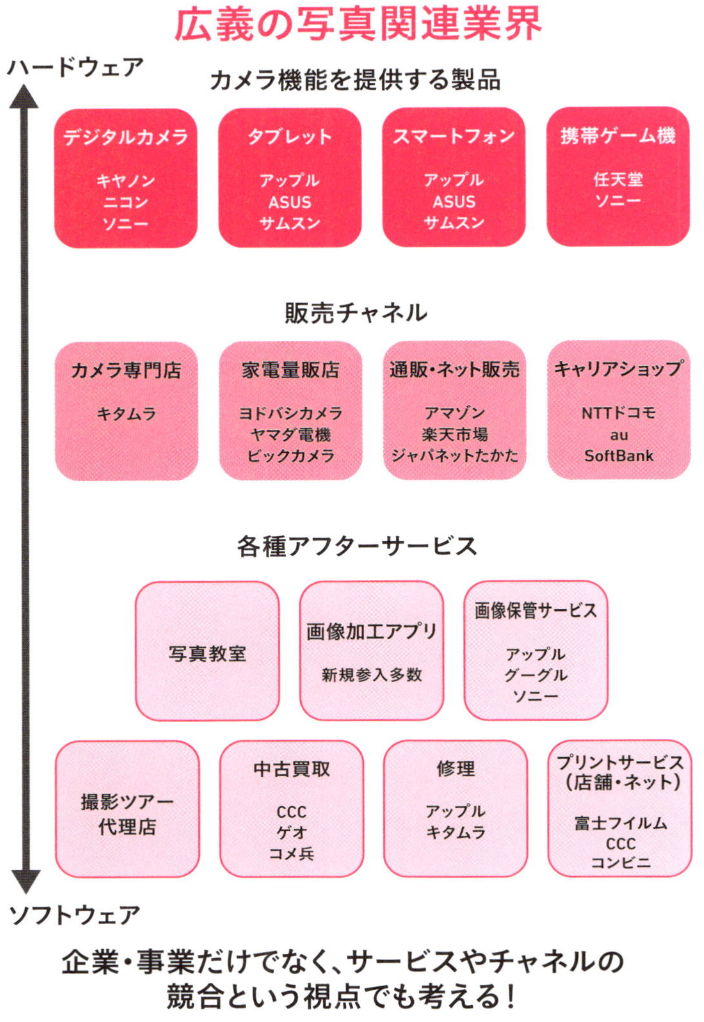

広義の写真関連業界

ハードウェア

カメラ機能を提供する製品

デジタルカメラ
キヤノン
ニコン
ソニー

タブレット
アップル
ASUS
サムスン

スマートフォン
アップル
ASUS
サムスン

携帯ゲーム機
任天堂
ソニー

販売チャネル

カメラ専門店
キタムラ

家電量販店
ヨドバシカメラ
ヤマダ電機
ビックカメラ

通販・ネット販売
アマゾン
楽天市場
ジャパネットたかた

キャリアショップ
NTTドコモ
au
SoftBank

各種アフターサービス

写真教室

画像加工アプリ
新規参入多数

画像保管サービス
アップル
グーグル
ソニー

撮影ツアー
代理店

中古買取
CCC
ゲオ
コメ兵

修理
アップル
キタムラ

プリントサービス（店舗・ネット）
富士フイルム
CCC
コンビニ

ソフトウェア

企業・事業だけでなく、サービスやチャネルの競合という視点でも考える！

競合の比較項目を決めて「見える化」する

自社と競合を比較する際に役立つのが、「製品」「サービス」「チャネル」「ターゲット」「販促手法」のように「比較項目」を決めて、**各項目を表にして「見える化」する**という手法だ（図3)。比較項目としては、次のようなものが挙げられる。

- **競合他社の資本金や売上高、従業員数はどの程度か？**
- **競合製品にはどのような基本機能があり、顧客にどのようなメリットを提供するのか？**
- **取り扱い製品数はどのくらいで、支払方法や配送方法はどうなっているのか？返品ルールはどうなっているか？**
- **店舗、インターネット、コンタクトセンターなど、どのようなチャネル（顧客接点）を持っているのか？**
- **競合が狙っているターゲットの年齢や性別、地域、年収はどのように設定されているか？**
- **Webやメールによる告知、マス媒体広告、ネット媒体広告などのうち、どのような販促施策を行っているか？また、どのような販売チャネルを持っているか（実店舗やネット、コンタクトセンターなど）？**
- **47都道府県の網羅度はどのくらいか？**
- **競合他社が保有しているIT基盤はどの程度か？どのようなベンダーに業務を委託しているか？**

このように、ただの機能比較ではなく、ビジネスの基盤である企業の資本金や売上・利益高から、IT基盤やターゲット顧客まで、幅広く比較することで、その特徴を理解し、自分たちの戦略に取り入れることができるはずだ（図4)。

図3 主な比較項目

比較テーマ	比較項目例
企業	・事業者名　・本社住所　・資本金　・創業年 ・従業員数　・売上高　・営業＆経常利益など
製品	・基本機能　・直前型番 ・顧客利用時の想定メリットなど
サービス	・取り扱い商品数　・在庫＆納期表記　・支払方法 ・配送方法　・返品ルールなど
販促媒体	・店舗　・ネット　・カタログ　・チラシ　・テレビなど
チャネル（顧客接点）	・店舗　・ネット　・アプリ　・コンタクトセンターなど
ターゲット顧客	・地域　・年齢　・性別　・年収 ・職業　・家族形態など
販促手法	・Web　・メール　・アプリプッシュ　・ネットリコメンデーション・マス媒体告知（テレビや新聞） ・ネット媒体広告（SEO、リターゲティングなど）
インフラ	・店舗数　・47都道府県網羅度　・倉庫数や規模
IT環境	・パッケージソフト　・クラウドサーバor自前サーバ（オンプレミス）・業務委託先ベンダーなど
備考	上記項目に書き切れない特徴や所感などは備考欄にまとめる

図4 表のイメージ

○ネットスーパー比較表

	細目	競合A	競合B
企業・事業者	事業者名		
	本社住所		
	資本金		
	創業年		
	従業員数		
	売上高		
製品	基本機能項目		
	直前型番		
	顧客利用時の想定メリット		
サービス	取り扱い商品数		
	在庫＆納期表記		
	支払方法		
	配送方法		
	返品ルール		
販促媒体			
チャネル（顧客接点）			

No. 03

［チェック3］

「市場」と「顧客」を知るための指標って？

どのようにお客様とつながっているか？

「市場」とは、消費者全てという「広い意味でのお客さま」を指す。一方、顧客はその中でも、「自社の商品・サービスを使ってくれる可能性が高いお客さま（またはすでに使ってくれているお客様）」のことだ。つまり、「消費者（市場）」を出発点として、「**顧客ターゲットを決めてアプローチする→自社商品を選んでくれて顧客になる**」という流れが、マーケティングの理想となる。

まずは、自分たちの業界とそれを取り巻く環境を整理して考えてみよう。図5を見てほしい。これは「総合電気メーカー」を例に、商売の構造を整理したものだ。

このように、自社（自社業界）の商売の構造を整理したうえで、**自社の「顧客」について「何を知ればよいのか」を考える**と、精度の高い検討を行える。

顧客を知るための代表的な指標

顧客を知るための代表的な指標としては、「基本情報」「趣味嗜好」「ライフスタイル」「性格・志向」が挙げられる。基本情報としては、「住所」「年齢」「性別」はもちろん、付帯情報として「職業（学年）」「家族構成」「世帯年収」「学歴」などが挙げられる。

「趣味・嗜好」とは、例えば「食の好み」「スポーツの好み」「旅行先の好み」「音楽の好み」などが挙げられるだろう。

図5 自社（業界）を取り巻く環境を整理する案

「ライフスタイル」とは、「居住地（都市部か地方かなど）」「居住形態（マンションか一戸建てかなど）」「通勤・通学形態」「世帯構成」などが考えられる。

最後の「性格・志向」とは、「外交的か内向的か」「何事も継続しやすいか飽きやすいか」など、メンタル的な要素のことだ。

1つの指標だけでなく、このようにいくつかの切り口で多面的に見ることが大事である（図6）。

これらの情報を収集するには、顧客との接点を増やしたり、アンケート項目を工夫したりなどの企業努力が必要だ。「顧客ファースト」のマーケティングを行うためにも、工夫を凝らし、積極的な情報収集に努めなくてはならない。

ただ、1つだけ注意しなければならないのは、**顧客の様々な情報は「変化していく」ということ**だ。一度情報を知ったとしても、住所は転居すれば変わるし、年数が経てば結婚したり子供が生まれたりして世帯の構成も変わる。趣味嗜好、性格なども、年月とともに変わっていくかもしれない。

「同じ人」でも買い物の方法は変わる！

さらに、例えば「買い物」という行動1つにしても「今日はすぐに欲しいから、説明はいらないので近くのスーパーで買う」「週末は家族でゆっくり買い物に行きたいから、時間をかけてショッピングモールを楽しむ」「この商品はじっくり話を聞いて選びたいから、専門店に行く」というように、**「同じ人」でも、その時々で様々な買い物の方法を選ぶ**ものだ。

月で、週で、日で、もしくはシーズンで、買い物の方法は変わっていく。こうした変化を「**世の中の流れ**」と「**個人の変化**」の双方で捉えることが大事だ。そのためにも、顧客のチェックポイントを定期的にリサーチしておくべきだろう。

図6 顧客を知る様々な指標

顧客を「基本情報」で知る

・基本情報：住所、年齢、性別
・付帯情報：職業（学年）、家族構成、世帯年収、学歴

顧客を「趣味嗜好」で知る

・食の好み：和食・洋食・中華・エスニック、濃い味・薄味、辛め・甘め、魚介・肉類
・スポーツの好み：インドア・アウトドア、球技、陸上競技、格闘技、水泳、スケート
・旅行先の好み：海外・国内、海・山、都市部・地方、温泉、テーマパーク、遺跡・史跡
・音楽の好み：邦楽、洋楽、ポップス、クラシック、ジャズ、ゴスペル

顧客を「ライフスタイル」で知る

・居住地：都市部・地方
・居住形態：マンション・一戸建て、所有・賃貸、アパート・シェアハウス・ルームシェア
・通勤・通学：徒歩、自転車、バス、電車、自家用車
・世帯構成：単身、夫婦のみ、家族（親子）、家族（3世代）、友人同士

顧客を「性格・志向」で知る

・外交的・内向的、話すのが得意・苦手、話を聞くのが好き・苦手
・集中力がある・ない、熱しやすい・冷めやすい、長く継続する・飽きやすい

様々な切り口で顧客を「知る」。
ただし、顧客情報は変化するので定期的なリサーチを！

No. 04

［チェック④］

「統計資料」を調べよう！

統計資料を調べて「リサーチ」を行う

マーケティングを行うためには、「リサーチ」も欠かせない。ただ、何でもかんでもお金をかけて、自社で独自調査をしなければならない、ということではない。

国や公的機関が定期的に調査・発表している統計資料もあれば、民間のリサーチ会社やシンクタンクがその時々のテーマで調査・発表している調査資料も多数ある。

自分たちで独自調査をする前に、こうした**公開資料をチェックして活用する習慣**を身に付けてほしい。例えば図7は、筆者が定期的にチェックしている代表的な資料である。**公的資料を見るだけでも、かなりのデータを収集できる**はずだ。

このような公的資料をチェックしたり、自社のリサーチデータをチェックしたりしても足りない情報があれば、時には調査データを購入したり、有料の調査会社にリサーチをお願いしたりするのも有効だ。図7に挙げたコンサルティングファームだったり、図8に示すような調査会社は、有料で各種調査・分析を行ってくれる。

また、調査資料がまとまった年度版の書籍も、1冊手元に置いておくと重宝する。『日本国勢図会』『世界国勢図会』（公益財団法人矢野恒太記念会）や『情報メディア白書』（ダイヤモンド社）などがお勧めである。

ただ、情報は、そのままではただの「一般情報」に過ぎない。他の情報と紐付けたり、自分なりの仮説を加味したりして、**自分なりに咀嚼**

することが大事だ。

このようにして「世の中」を定点観測し、頭の中で数値化されたイメージを作っておくと、マーケティングの戦略を考える際に、土台を作りやすくなる。また、情報は「数が多ければよい」というわけではない。自分の仕事に関係するものを効率よく絞り込み、定期的にチェックするようにしよう。

図7 筆者がチェックしている国・公的機関の資料

○国や公的機関の統計資料

官公庁名	項目名	URL
経済産業省	商業統計	http://www.meti.go.jp/statistics/tyo/syougyo/
	経済センサス	http://www.meti.go.jp/statistics/tyo/census/index.html
	鉱工業指数	http://www.meti.go.jp/statistics/tyo/iip/index.html
総務省	情報通信白書	http://www.soumu.go.jp/johotsusintokei/whitepaper/
	国勢調査	http://www.stat.go.jp/data/kokusei/2015/
	家計調査	http://www.stat.go.jp/data/kakei/
	小売物価統計調査	http://www.stat.go.jp/data/kouri/
	家計消費状況調査	http://www.stat.go.jp/data/joukyou/
厚生労働省	人口動態	http://www.mhlw.go.jp/toukei/list/81-1.html

○シンクタンク

名称	URL
野村総合研究所	https://www.nri.com/jp/
三菱総合研究所	http://www.mri.co.jp/
日本総合研究所	https://www.jri.co.jp/
矢野経済研究所	https://www.yano.co.jp/
富士経済	https://www.fuji-keizai.co.jp/
MMD研究所	https://mmdlabo.jp/

○コンサルティングファーム

名称	URL
ボストンコンサルティンググループ	https://www.bcg.com/ja-jp/default.aspx
マッキンゼー・アンド・カンパニー	https://www.mckinsey.com/japan/overview/ja-jp
デロイトトーマツ	https://www2.deloitte.com/jp/ja.html

図8 主なリサーチ会社

名称	URL
インテージ	https://www.intage.co.jp/
ビデオリサーチ	https://www.videor.co.jp/
マクロミル	https://www.macromill.com/
カンター・ジャパン	https://www.kantar.jp/

No. 05 ［チェック⑤］「社内の情報」を調べよう！

見逃しがちな社内情報……もったいない！

「自社を知る」ために、「ヒト・モノ・カネ・情報（データ）」および「市場の立ち位置」を調べようという話をしたが、業務により直結する「社内の様々な情報」をしっかり把握しておくことも大切だ。

例えば、定例会議などで示される共有数字、メールで送られてくる売上や利益の社内速報情報やEXCEL帳票、社内イントラネットに掲載されている人事や社長メッセージ、ファイルサーバに格納されている各種集計情報などだ。デジタルデータの場合もあれば、会議のたびに配布される様々な紙の帳票類もあるだろう。

どの部署がどんな情報を発信している？

月次や半期、年次の決算書はもちろんだが、こうした日々の業務に関連する社内情報もしっかり確認しておくと、「**どの部署が、どんな情報を把握して管理する責任があるのか**」「**それに伴い、紙やデータでどんな情報を発信しているのか**」などが見えてくる。

例えば、会社の中には「営業・商品部門」「Eコマース部門」「販促・宣伝・ブランディング・広報部門」「物流・調達の部門」「生産・開発系部門」「人事・総務部門」「財務・会計部門」「経営戦略部門」など、様々な部門があるだろう（図9）。

これらの各部門は、「現場・営業寄りの部門」から「社内管理寄りの部門」まで様々だが、**それぞれの視点でいろいろな情報を提供している**。その部門の視点だからこそ見えてくるものがあり、「自分とは関

図9 社内の情報にも気を配る

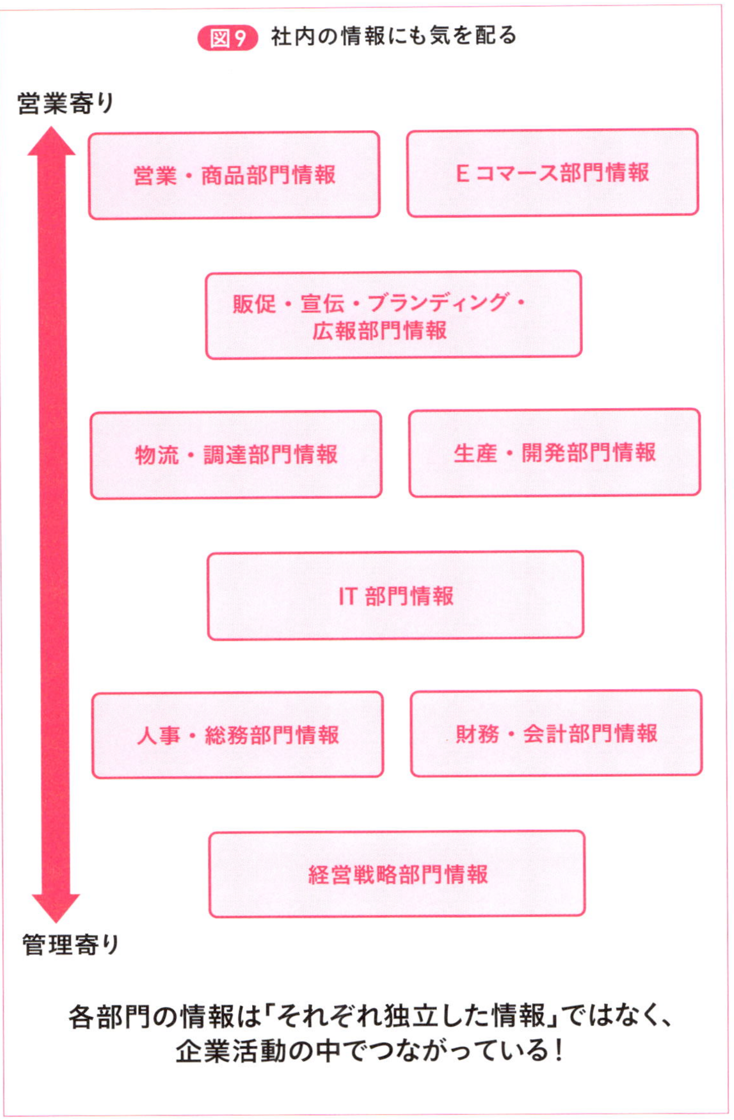
営業寄り
営業・商品部門情報
Eコマース部門情報
販促・宣伝・ブランディング・
広報部門情報
物流・調達部門情報
生産・開発部門情報
IT 部門情報
人事・総務部門情報
財務・会計部門情報
経営戦略部門情報
管理寄り
各部門の情報は「それぞれ独立した情報」ではなく、
企業活動の中でつながっている！

係ない部署の情報だから」といって、チェックしないのはもったいないのだ。

各部門の情報は、「それぞれ独立したもの」ではなく、企業活動の中でつながっているからだ。

また、マーケティング活動を行うと、結果を測るために、つい「新しい仕組み」や「数字のルール」を作りたくなるが、実は**これら既存の情報を見ればチェックできる項目も多い**のだ。

社内情報には「お宝」がいっぱい！

例えば営業・商品部門の情報には、「店舗・販売チャネルごとの売上・利益・経費」などが示されたり、商品部門ごとの「売上・利益・経費」などがまとまっていることが多い。

あるいは生産・開発部門であれば、「生産管理、効率化の指標」や、「年間生産計画」などの情報がまとまっていたりする。

物流・調達部門であれば、「製品在庫情報」や「年間生産計画」などの情報がまとまっているし、Eコマース部門であれば、「受注、予約、売上」だったり、「来客数、コンバージョン、各種クリック・導線データ」などの情報がある。販促・宣伝・ブランディング・広報部門であれば、「年間販促計画」「ニュースリリースの送信先」などの情報がまとまっているし、IT系の部門であれば、年間IT投資計画などがあるかもしれない。

この社内情報の「種類」と「発信者」を知っていると、後に出てくる「組織をまたがったマーケティング」のプロジェクト化を進める際に、どの部署の誰に入ってもらうとよいのか、非常に考えやすくなるというメリットもある。「灯台下暗し」ではないが、社外のデータだけでなく、社内にあふれる各種データにも、しっかりと目を通しておきたい（図10）。

図10 社内情報から様々なヒントが得られる!

営業・商品部門

- 店舗・販売チャネルごとの売上・利益・経費
- 商品部門ごとの売上・利益・経費
- 店頭や本社業務に伴う人時（にんじ）生産性
- 年間販売/商品計画

生産・開発部門

- 歩留まり率などの生産管理、効率化指標
- 原材料在庫・仕掛在庫情報
- 年間生産計画

物流・調達部門

- 製品在庫情報（在庫数、金額、在庫回転率）
- 家賃や送料などの物流コスト
- 資材や社内用品などの調達コスト

人事・総務部門

- 働く人の月の労働時間や、社内異動履歴
- 雇用関連費用（保険、年金など）

※ IR/広報はこの総務に属することが多い

経営戦略部門

- 経営数値（財務諸表、経営報告レポート）
- 中期・長期経営計画
- 投資案件、M&A案件資料

人事・総務部門

- 日・週・月・半期・年次での決算資料
- 日々の資金管理情報

Eコマース部門

- 受注、予約、売上数字
- 来客数、コンバージョン、各種クリック・導線データ

販促・宣伝・ブランディング・広報部門

- 年間販促計画
- ニュースリリース送信先情報（マスコミ、メディア媒体など）
- 広告代理店価格表
- マーケティング関連数値（GRP、コンバージョン、各種クリック・導線データなど）

IT部門

- 年間投資、改修計画
- メンテナンス情報
- 各種エラーログ

社内の各部門には、マーケティングに役立つ情報がたくさん眠っている!

No. 06

［チェック⑥］

「業界情報」を集めよう！

業界紙をチェックしてみよう！

自社も競合も、「業界」という区分けの中で比較されることが多い。そして、その業界ごとに専門の団体や業界紙、Web媒体がある。昨今は「業界」のボーダレス化が進んでいるとはいえ、**これらの発信情報には有益なものが多い**。

自社が所属する業界の情報を定点観測するために、何か1つでも媒体を決め（複数でも構わない）、チェックするとよいだろう。

参考までに挙げておくと、図11は、筆者が普段活用している専門的な媒体・情報源である（筆者は職業柄、様々な媒体をチェックしているが、自分に合ったものがあれば見てみてほしい）。

先に触れたように、昨今は業界のボーダレス化が顕著なので、自社が所属する業界以外であっても、もし競合となりうる業界・業種があれば、ぜひチェックしておこう。

「マクロ」と「ミクロ」で業界を見る！

専門媒体では、新聞や情報誌などの総合メディアより、さらに詳細な情報を知ることができる。例えば日本経済新聞などの一般経済紙を読めば、日本経済や世界経済の全体的な動きや、業界の全体的な情報を他業界と比較して理解できる。一方、『MarkeZine』などの専門媒体を読めば、その業界単体の情報を深く掘り下げて知ることができる。このように、**「マクロ」の視点と「ミクロ」の視点で情報を把握しておくこと**が大切なのだ（図12）。

図11 筆者がチェックしている主な業界情報

○マーケティング関連

媒体名	参考URL
MarkeZine（マーケジン）	https://markezine.jp/
AdverTimes（アドタイ）	https://www.advertimes.com/
Web担当者Forum	https://webtan.impress.co.jp/
月刊宣伝会議	https://www.sendenkaigi.com/books/sendenkaigi/
日経デジタルマーケティング	http://business.nikkeibp.co.jp/dmg/
日経MJ	https://www.nikkei4946.com/syoukai/mj/

○EC・通販・Web流通関連

媒体名	参考URL
ECZine（イーシージン）	https://eczine.jp/
日本ネット経済新聞	https://www.bci.co.jp/netkeizai
ECのミカタ	https://www.ecnomikata.com/
JADMA（日本通信販売協会）	http://www.jadma.org/
通販新聞	http://www.tsuhanshinbun.com/
ネットショップ担当者フォーラム	https://netshop.impress.co.jp/
eMarketer	https://www.emarketer.com/

○小売・流通・メーカー関連

媒体名	参考URL
月刊商業界・月刊販売革新（商業界）	https://www.shogyokai.co.jp/
月刊激流（国際商業出版）	https://www.kokusaishogyo.co.jp/gekiryu/
Gfk	http://www.gfk.com/jp/
BCN	http://www.bcn.co.jp/
日本流通産業新聞	https://www.bci.co.jp/nichiryu

○アパレル関連

媒体名	参考URL
繊研新聞	https://senken.co.jp/
WWDジャパン	https://www.wwdjapan.com/
アパレルウェブ	http://www.apparel-web.com/
SPAC（小島ファッションマーケティング）	http://www.fcn.co.jp/spac.html

図12 「マクロ」と「ミクロ」の視点が大事

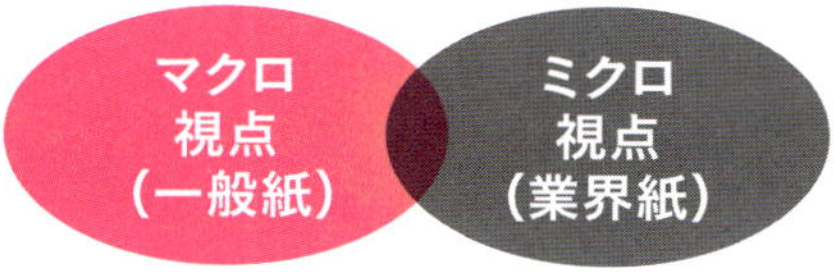

No. 07

［チェック⑦］

「社外の勉強会」に参加してみよう！

ここまで、「情報発信されているものをいかに見つけ、収集するか」という話をしてきた。

もう1つお勧めしたいのが、「社外の勉強会に参加する」という方法だ。いわば、より積極的に、能動的に情報を取りに行くアプローチである。

就業前の時間を、業務外の勉強や趣味、運動などに充てる「朝活（あさかつ）」が持てはやされているが、そのような自己研鑽の場を設けるのも大事なことだ。

特に**社内にいると、どうしても視野が狭くなりがち**だ。その点、社外に飛び出すことで、様々な発見を得られるはずだ。

「異業種交流会」や「展示会、カンファレンス」「コンサルティングファームやメディアが主催するセミナー」など、様々な催しがあるので、積極的に参加するとよいだろう（図13）。

明確な目的意識を持って参加を！

社外勉強会に参加する際に注意してほしいのは、「**まずは自分が何を学びたいのか**」「**それは自身の業務において（あるいは周辺業務を含め、自身が進めるマーケティング活動全般について）どう役立つのか**」を明確にしてから参加すべき、ということだ。

何となく参加しても、他の参加者との情報交換も漫然としてしまい、結果的に「時間の無駄」ということにもなりかねない。

その点、明確な「目的意識」を持って参加すると、より有意義な時間を過ごすことができるだろう。

図13 主な社外勉強会のジャンル

マーケティングセミナー

（参加人数：少、会場規模：小、専門性：高）

流行りの最新手法から、基本的なGoogle アナリティクスの操作研修まで、実務的なものも多い。メディア媒体主催のセミナーは幅広い情報やツールを取り扱うが有料のことが多い。一方、ツールベンダー主催の場合は、特定のツールと競合情報のみとなるが、無料で開催していることが多い。

例）宣伝会議、アクティブコア、Adobe、シナジーマーケティングなど

コンサルティングファーム、メディア主催セミナー

（参加人数：中、会場規模：中、専門性：中）

有料のことも多いが、業界情報よりもさらにテーマが絞り込まれているので、関心があるテーマであればぜひ受講をお勧めしたい。

例）日経デジタルマーケティング、グロービスセミナーなど

展示会、カンファレンス

（参加人数：大、会場規模：大、専門性：低）

業界ごとに東京ビックサイトや幕張メッセ、各地の展示ホールで定期的に開催している。展示会も社外で勉強するいい機会となる。

例）リテールテック、アドテック、Web＆デジタルマーケティングEXPOなど

時には社外に飛び出して、積極的に情報収集を！

No. 08

［チェック⑧］

「顧客接点」とマーケティングの「道具」を知ろう！

ここまで触れてきた通り、販売ルートがオムニチャネル化する中で、ネット、実店舗のように、様々な顧客接点が生まれている（図14）。

この接点ごとの「顧客行動」や「体験情報」を集めることはもちろん、1人の顧客の行動に対して、「**複数の接点での情報をつなげて考えること**」が重要になってきている。例えば「店舗での店長の話」と「POSレジ情報」「ネットの閲覧・購買履歴」と「コンタクトセンターでの会話」「アプリでの検索履歴と起動時間・場所」など……。全てのデータが必ずしもうまくつながるわけではないが、様々な情報を収集・分析すれば、仮説も立てやすくなる。そしてITが進化する中で、様々なマーケティングツールが登場し、これらの情報の取得と分析も、より素早く行えるようになってきた。

ツールも大きく2つに分けられる。1つは「データ収集・分析関連ツール」だ。Web系データ収集・分析に必須のGoogleアナリティクス、Web以外も含め、様々なデータを集積・分析するDMPや、そのデータを見える化できるBI、SEO対策ツールなどが挙げられる。

もう1つは「効果検証・実験関連ツール」で、サイト上のコンテンツ類のABテスト（効果測定）を行うものや、サイト上の閲覧状況をヒートマップで示すもの、キャンペーンマネジメントシステムやマーケティングオートメーションなど、データに基づいて複数のセグメントメールの出し分けを行ったり、各種のマーケティングアプローチを改善したりするツールも、広義で言えばこちらに含まれるだろう。

1つの機能に専門特化したツールもあるが、多くは複数の機能を兼ね備えたパッケージとなっている。対象データ量や費用対効果を見て、自社に最適なシステムを作り上げていくのが理想だ。

図14 顧客接点から情報を集める

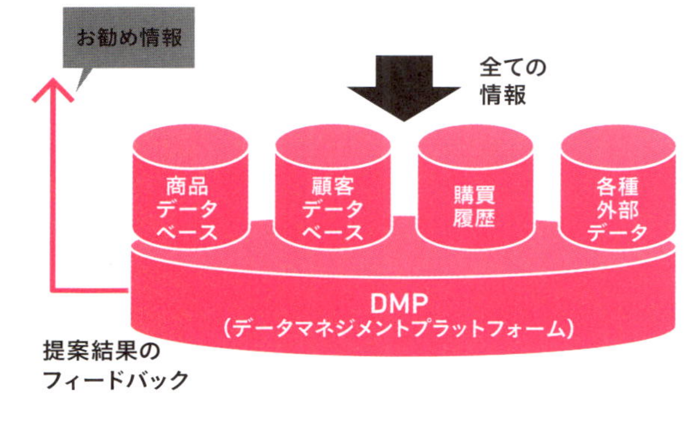
情報チャネル
CM
通販カタログ
アプリ起動
Web
視聴データ
配布日情報
サイト閲覧履歴
メールリンククリック
購買チャネル
店頭
ECサイト
ECコマースサイト
来店データ
閲覧データ
コンバージョン
ビーコン&スマホ
+GPS
決済チャネル
ECサイト
レジでの支払い
クレジット
カード情報
ポイントカード
情報
各種ペイメント
利用情報
購買情報＋個人情報＋行動情報
お勧め情報
全ての
情報
商品
データ
ベース
顧客
データ
ベース
購買
履歴
各種
外部
データ
DMP
(データマネジメントプラットフォーム)
提案結果の
フィードバック

>> マーケターインタビュー④

川添隆
（メガネスーパー）

マーケティングの実践と経営参画のポイント

[Profile]

>川添隆（かわぞえ・たかし）

株式会社メガネスーパー デジタル・コマースグループ ジェネラルマネジャー。佐賀県唐津市出身、千葉大学デザイン工学科建築系卒。販売、営業アシスタントとしてサンエー・インターナショナルに従事後、ネットビジネスを志しサイバーエージェントグループのクラウンジュエルへ。ささげ業務から企画、PR、営業まで携わり、2010年にクレッジ（現オルケス株式会社）に転じる。EC事業の責任者として自社サイトの売上を2倍以上、EC全体を2年で2倍に拡大。2013年7月より現職。「アイケアカンパニー」としてのEC事業、オムニチャネル推進、Webに関わる全てを統括し、EC事業は4年で3.4倍、注力する自社ECは約6倍に拡大。現在は、スマートフォンアプリによるコンタクトレンズ事業のオムニチャネル推進を図り、他社のEC・オムニチャネルのコンサルティングにも従事。実家は130年以上の老舗旅館「綿屋」を営んでいる。

アパレルは、1人のプロデューサーがブランドを立ち上げて、限定的なマーケティングも同時に行うことが多いです。どこも半期＆商品軸で回りますから、長期で戦略的な販売が考えにくい。かつては、その中の「販促・キャンペーン」だけをマーケティングと呼んでました。本来重視すべき「このブランドは顧客から見てどうか？」と考えることまではなかなかいかなかったんです。

しかし、「お店の人」は顧客を知っています。手段は顧客台帳などのアナログだったとしても、顧客軸で考えてます。でも、それを「上」に伝える方法が少ないんです。週報では施策や気付きよりも、売上・客数の数値だけが重視される。例えば、入荷電話による来店が20件→5件と明らかに減っていた場合、気付きは現場にありますが、上に上がらない。業務指示が「売上」にのみフォーカスされやすいからです。

ECの責任者になったとき、「マーケティングまでやる」と決めました。なぜなら、唯一横断的に企業を見る部署だからです。部署名も「マーケティング・EC事業部」としたんですが、その思いは「ECの体験をお店の体験とつなげて売上を伸ばしたい」という点にありました。

佐賀県・唐津が地元の僕は、買い物は福岡の天神。岩田屋、天神コアなどの大きなお店を回って、一風堂でラーメンを食べて帰るという、リアルな買い物体験をしてきました。そこまではできなくても、「店舗での購入体験」をECで実現するのが僕の仕事だと考えたのです。

○お店とECの品ぞろえのズレをなくしていく

かつては、「商品がお店にはあるのに、ECでは買えない」ということがありました。そこで商品見本を早く確保し、撮影と画像加工を内製化したんです。こうして少しずつ解消に取り組んだ結果、お客さまからも「ECが便利になってきてありがたい！」という意見が増えました。例えば鳥取に住んでいる顧客が、広島と岡山のお店をECで事前に調べて、欲しいものがあるお店に行くのという具合です。

服は「必需品」ではなく「嗜好品」ですから、既存のファンをもっと大事にしなくてはなりません。新規顧客獲得はお店に任せる。そのお客さまがネットに来たときに、SNS、ブログ、メルマガのデジタルがそろって認知が深まり、「買い物体験」でブランド価値を高める。EC

は既存顧客＋周辺顧客にアプローチするのがいいと思います。

○経営と同期をとる

実は、今まではあまり結果を重視してなかったんです（笑）。最初のサンエー・インターナショナルのレディースショップでも、予算より店舗運用、オペレーションに関心がありました。売り場の人が働きやすい環境にするのが好きだったんですね。クラウンジュエルのころは、ささげやコンテンツの楽しさが大事でした。僕の実家が旅館だったもので、客商売については上下ではなく並列に、お客さまと一緒に関係を築くという思いがありました。

109系のクレッジにいたときも、前半は売上予算にいかなくても「悔しい」とまでは思いませんでした。でも、企業は利益を出さないと、新しいことに挑戦できないし、お客さまにサービスも提供できなくなります。クレッジの在職後半、責任者に抜擢されてからは、何かあると星﨑社長（現メガネスーパー社長）に相談していました。そのときに言われたのは「結果が出るまでスピーディに矢を打ち続けろ」ということ。そして「任せるけど、自社ECを内製化したらどうか？」など本質的な指摘をしてくれました。そういうやり取りから、「信頼」が生まれます。

大切なのは、自分がやりたいことが「会社の方向性」とズレていないことです。「企業理念・経営方針」への理解が、結果を出すためには欠かせません。それが「経営と同期をとる」ということです。結果を出せば理解してもらえるものです。よく「経営者が理解してくれない！」と言いますが、それは自分が「経営者を理解していない」ことだと思います。

メガネスーパー入社後は、現場と本社の意思疎通が課題とわかり、社長自らが数店舗を管轄する「天領」ができて、そこで毎週「天領ミーティング」が始まりました。次第に周辺店舗の店長やスタッフが来るようになり、店長やスタッフが経営と「同期」をとるようになりました。

今では天領店舗の店長だった人が、営業の責任者になりました。彼は同じように社長にも僕にも「同期」をとってきます。こうした再現性のあるチームにするためには、意識を変え、行動規範・思想を徹底する必要があります。トップダウンの会社にならないように、その思想、考え方を身に付けて取り組まなくてはなりません。

社長は、自分にとって最良の部下は、「城を獲って来いと言ったら、城を獲ってくる人」だと。それはつまり、自分で考えて行動できる人だということです。ほとんどの人は、躊躇したり、行動しなかったりするものですが、社長の考え方を理解して、きちんと情報共有し、結果を出すことが、企業の発展と顧客満足につながるのです。

実践の中でこそ「気付き」があります。やり続けること、考え続けることが大事です。考えるのを止めたらおしまい。いつも発見がありますから。メガネは買い替え頻度が平均3年に一度のはずが、1年でも買い替える人がいる。データだけではなくお客さまの話が大事で、お店もしっかりと聞かないといけません。

星﨑社長に出会うまでは、「経営者が何でも考えてくれる」と思ってました。でも、経営者といえども、全ての範囲で100％の詳細を把握することは難しいですよね。経営と同期をとって、考え方を理解し、実際の施策に落とすのがマネジメントの仕事です。

同期が深まれば、確認の頻度は減るものです。お互いわかってくるから、少ない会話でも濃い内容になっていきます。こうして経営と同期をとって考え続けながらマーケティングを実践し、日々発見をして改善していくことが大事だと僕は思います。

COLUMN　顧客クレーム対応ノウハウ

電話でも対面でも、「①まずは相手の話をしっかり聴くこと」が大事だ。絶対に声を荒げたりせず、冷静さを保とう。

次に「②お詫び」だ。顧客に何らかの不便や迷惑をかけており、また「話を聴く時間」をいただいているのは間違いないので、そうした事実に対してはしっかりお詫びしよう。ただ、それ以外の未確認のことについては不用意に謝らず、「申し訳ございませんが、これから確認します」とすること。

続いて、「③聴いた内容の整理」だ。相手の話が繰り返しになってきたら、「正しく理解できているか確認させてください」などと言いつつ、話を時系列でまとめていく。

この①〜③の手順を繰り返し、クレームの全体像が整理できたら、最終的に整理した内容を顧客に確認し、「回答日」を定める。簡単な話ならその場で回答できるだろうが、関係各部署の確認が必要なケースもあるはずだ。そこで、「回答期日（日時と時間）」「連絡方法（訪問、電話、メールなど）」を確認して、一旦終わらせよう。

回答日になったら、約束した方法で連絡し、最終的なお詫びの方法を伝える（代替品、金銭、書面など）。相手に納得してもらえない場合は、必ず改めての対応とする。

顧客クレーム対応のコツは、とにかく冷静さを持つこと、相手の話をしっかり聴いて、きちんと整理・確認することだ。これはあらゆるトラブル、クレーム対応に共通である。もし問題があったとしても、責められるべきはその「出来事」であって、「人」ではないことを忘れずに。

CHAPTER

マーケティングのアクション

マーケティングの基本の流れを学び、準備ができたら、いよいよアクションをしてみよう。ここでは実際にマーケティングの仮説を立て、施策を実施し、結果を分析し、改善していく手順を解説する。

No. 01 マーケティングのアクションプラン

第2章で、「環境分析→戦略立案→施策立案→施策実行→分析・改善」というマーケティングの基本的な流れを紹介した。

この基本の流れを参考に、実際のアクションを開始しよう。実際のアクションは、大きく図1のような流れになる。

「仮説」を立てる

最初のステップは「仮説」を立てることだ。3C分析やSWOT分析で市場環境や顧客、自社や競合について分析し、それに基づいて自分なりの「仮説」を組み立てよう。

顧客ターゲティングとそれに合わせた施策検討を行う

続いて「顧客ターゲティング」と「価格・販促施策の決定」を行う。STPと4P+Cで、先に見た市場・顧客の中から、「どの顧客ターゲット」の「どのニーズに対して」「どんな商品・サービスを」「どのような手法で知ってもらい、買ってもらうのか」を絞り込んでいこう。

関係者と目標を共有する

続いて、プロジェクト化して、一緒に施策を行っていく関係者全員と検討を深めるために、目的・目標をすり合わせ、共有する。これは、関係者を「巻き込む」ためにも必要な作業だ。自部署内での役割分担、他部署への役割分担のお願い、外部メンバーの役割の明確化など、**組織体制と参加意義を明確化**しよう。合わせて、施策を詳細に検討するために、関係者が集う「**定例会議**」も設定しておいたほうがよい。こ

図1 マーケティングアクションの流れ

基本の流れ（第2章）	アクションプラン	
ステップ① 環境分析	ステップ① 仮説立案	3C分析やSWOT分析で市場環境や顧客、自社や競合について分析し、仮説を立てる（P.122）
ステップ② 戦略立案	ステップ② 顧客ターゲティング・施策立案	STP・4P+Cの手法で、市場・顧客の中からどの顧客ターゲットを狙っていくのかを絞り込む。さらにそのターゲットに対して「価格」「チャネル展開」「販促施策」を落とし込む（P.128）
ステップ③ 施策立案	ステップ③ プロジェクト化と施策詳細検討	関係者の整理、目的やスケジュールの共有（P.132）
ステップ④ 施策実行	ステップ④ 情報の見える化・共有化	施策が始まったら、常に情報を見える化・共有化する。また、実施中は定期的に進捗会議を行う（P.136）
ステップ⑤ 分析・改善	ステップ⑤ 仮説検証、改善計画立案	分析・検証会議を行い、仮説を検証。改善点を見つけ改善提案書をまとめる（P.138）

のとき、改めて今回の施策の目的・目標を、「企業理念」とともにしっかり確認することが大事だ。

また、実施までの課題は「課題管理表」に落とし込み、スケジュールを明確化していこう。

◎情報を「見える化・共有化」する

施策が始まったら、情報の「見える化」と「共有化」を継続して行う。社内の帳票類で見えるもの、別途ツールで拾うものなど、様々なデータを、**当初決定した頻度と内容で共有すること**が大事だ。

また、施策の実施中は、定期的に進捗会議を行っていく。その際、すぐに見直せる改善案が見つかったら、施策中であっても改善するようにしよう。

◎仮説を検証する

実施後は関係者全員を集めて検証会議を行い、最初に立てた仮説を検証して、改善計画を取りまとめる。

もしプロジェクトメンバー内に収まらない課題が見つかった場合は、結果報告書と合わせ、改善計画書を上長に提出し、承認を得よう。

◎建設的な議論をするために

実際にプランを固めていくときも、実施中も、様々な意見のすれ違いや、想定していなかった課題が必ず発生するものだ。

その際は、一つ一つの課題をきちんと課題管理表に落とし込んでいこう。また、課題が「できる・できない」「正しい・間違い」の判断軸ではなく、**「目的・目標・企業理念」に対してどうなのか**、という軸で考えると、建設的な議論を行える（図2）。往々にして、課題が見つかると堂々巡りの議論になりがちだ。水掛け論にならないためにも、当初の目的を常に明示して、忘れないようにしよう。

図2 課題が見つかったときは……

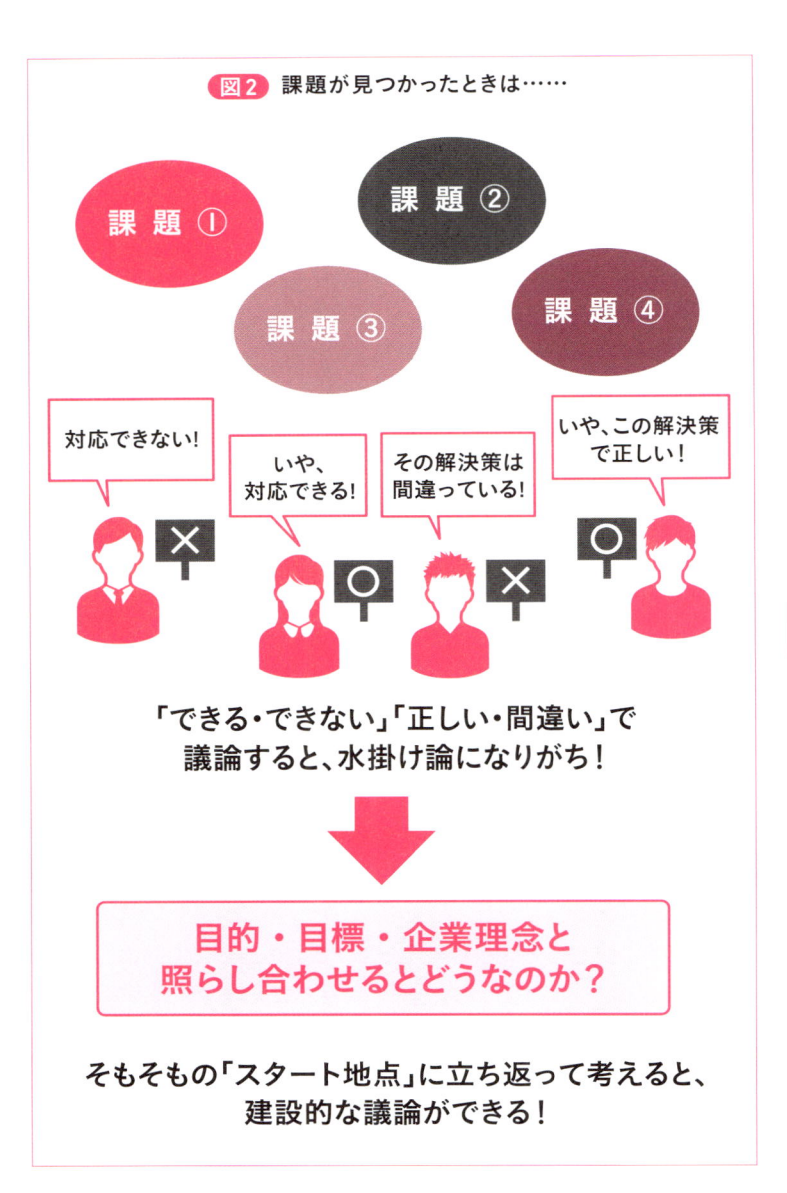

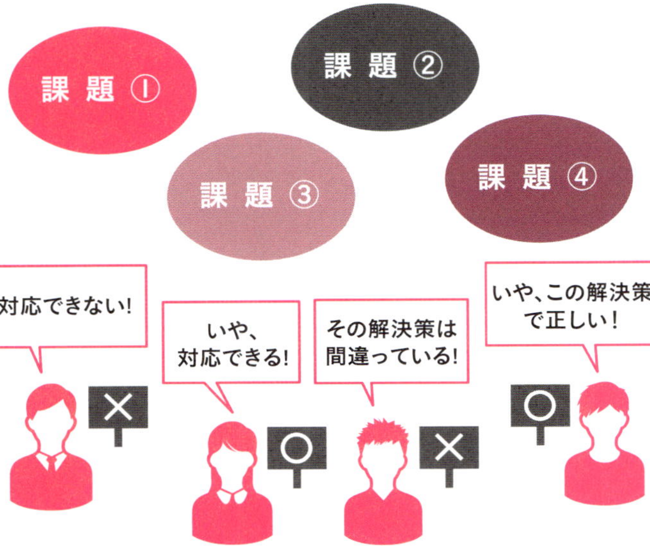

課題①
課題②
課題③
課題④

対応できない！

いや、
対応できる！

その解決策は
間違っている！

いや、この解決策
で正しい！

×
○
×
○

「できる・できない」「正しい・間違い」で
議論すると、水掛け論になりがち！

目的・目標・企業理念と
照らし合わせるとどうなのか？

そもそもの「スタート地点」に立ち返って考えると、
建設的な議論ができる！

No. 02 〔ステップ①〕まずは仮説を立てよう！

あなたが大手小売の商品担当だったら？

ここからは、架空の事例をもとに、マーケティングのアクションの流れを見ていこう。「案ずるより産むが易し」ではないが、業務の流れで一連のフローを見ていくと、より理解が深まるはずだ。

さて、あなたは、全国でスーパーマーケット、コンビニ、レストランを展開する大手小売業の「商品部」に所属している。

今回、売上のテコ入れのために、メーカーと組んで新商品を投入することになった。この新商品の売上を伸ばすのが、あなたのミッションだ。さっそくマーケティングプランを考えてみよう。

まずやるべきは、3C分析によって「市場・顧客」「競合」「自社」を明確にすることだ（図3）。この場合、スーパーマーケットの「部門別売上の推移」「時間帯別売上の推移」、コンビニの「商品別売上の推移」レストランの「ピークタイムの変化」などのデータが参考になるだろう。3C分析は、次のようなイメージでまとめることになる。

市場・顧客

主力事業のスーパーマーケット、コンビニともに、高齢化と単身・小世帯化が進んでいる。以前は肉や魚の大容量パックが人気だったが、最近では調理された総菜の小分けパックや、チルドや冷凍で、レンジで温めるだけの総菜に人気が分散してきている。

スーパーは駅に近い小型店が多く、週末のまとめ買いよりも、平日午前の高齢者、平日夕方、帰宅時の1人暮らしのサラリーマンやOLの需要が伸びている。また、1回あたりの買い上げ点数も減り、まとめ買いセールが効かなくなってきている。

一方コンビニは、滞在時間が短かった従来と異なり、日中はイートインスペースを利用する人が増えてきている。健康系食品がよく売れており、健康志向の高まりが見られる。実際、少し高くても健康に良い商品を選ぶ人が増えている。

図3 3C分析で「市場・顧客」を把握する

参考となる各種データをチェックする

- スーパーマーケットの部門別売上推移のグラフ
- スーパーマーケットの時間帯別売上推移のグラフ
- 自社従業員数と平均年齢推移のグラフ
- コンビニの商品別売上推移のグラフ
- レストランのピークタイムの変化のグラフ
- 自社グループの決算書
- etc…

↓ **3C分析**

顧客・市場の状況（Customer）

○スーパー、コンビニともに高齢化、単身・小世帯化が進んでいる
○大パックの食材ではなく、小分けの総菜に人気が集まっている
○週末のまとめ買いより、平日午前の高齢者、平日夕方のサラリーマン、OLの需要が伸びている
○1回あたりの買い上げ点数は減少
○コンビニはイートインスペースの活用で滞在時間が増えた
○健康志向が高まり、高くても体に良い商品を選ぶ人が増えている
○レストランは家族連れより、1〜2人の利用が増えている
○レストランを「カフェ」のように使う人が増えている（ご飯を減らすサービスも人気）

ここから読み取れる「顧客・市場」のニーズは？

レストランは「家族連れ」よりも1〜2人での利用が増加傾向。ランチタイムが混むのは変わらないが、午後の時間帯に、女性や高齢者が友人たちと「カフェ」のように活用することも増えている。ご飯の量を増やすより「減らすこと」を選べるサービスが人気だ（図3）。

◎「競合分析」

スーパーマーケットは、同じ業態のお店だけではなく、「コンビニサイズの小型スーパー」や、「ネットでの食材宅配」が競合になってきている。いずれも市場規模としてはまだまだ小さく、ネットも全体の3%に過ぎないが、その成長率は驚異的だ。店舗とネットを組み合わせて使う人が少しずつ増え、自社でのネットサービスも必須になっているが、思うように伸びていない。スーパーマーケットの市場全体としても頭打ちの傾向が見られる。

コンビニは、競合も同じような店舗フォーマット、商品構成になってきているが、どこも差別化をはかろうと必死。ホットデリカ（調理済みの総菜）の開発で、スーパー市場の総菜顧客も取り込もうとしている。市場全体の売上は伸びているが、利益率が低迷している。

◎「自社分析」

自社従業員数と平均年齢を調べると、採用が厳しいせいか、従業員は減少傾向。新店があまり増えないので、店長職などマネジメント層が増やせないまま高齢化してきている。ただし、きちんと商品を説明できる、接客力の高い人たちが現場に多い。

物流センターは大量販売時代のフォーマットだったが、ドライバー不足に合わせて、スーパーとコンビニ物流の一部共同配送ができるように改装したばかりだ。

苦しいながらも20年連続の増収増益が続いたおかげで、決算書をチェックしても経営は健全で、現預金も多く、まだまだ投資する力は残っているようだ（図4）。

どうだろう。第3章で解説したように、**自社の従業員数やスキル、資本金、業界の垣根を超えた競合、顧客へのチャネルなど、様々な要素を洗い出し、複合的に見て分析する**、というアプローチをイメージできるのではないだろうか。

この3C分析を行ったら、さらにSWOT分析を行い、将来的な自社の強みや弱み、機会や脅威を洗い出していく。

図4 3C分析で「競合」「自社」を把握する

競合の状況（Competitor）

- ◯スーパーマーケットは、コンビニサイズの小型スーパー、ネットによる食材配達サービスが競合になりつつある
- ◯スーパーマーケット業界自体が頭打ち
- ◯コンビニは同じような店舗、商品構成のお店が多い
- ◯ホットデリカの開発で、コンビニがスーパーの総菜市場に進出している
- ◯コンビニ業界の売上は伸びているが、利益率は低迷気味

自社の状況（Company）

- ◯従業員数は減少傾向
- ◯マネジメント層の高齢化が進んでいる
- ◯現場には接客力の高いスタッフが多い
- ◯物流は、スーパーとコンビニの一部共同配送が可能
- ◯経営体力は残っており、投資する力が残っている

「市場・顧客」「競合」「自社」を明確にすると、見えてくるものは何か？

3Cの内容と重なる部分も多いが、改めて整理することで、時系列の要素も含めて確認しやすくなるはずだ（図5）。

この場合、SWOT分析は次のようになるだろう。

自社内部の強み

経験豊かな従業員が多いこと、複数の店舗業態を持ち、物流や商品調達の共通化によるメリットが生み出せること。

自社内部の弱み

次の世代が育っていないこと、店舗オペレーションが違うので、人の教育が事業別に別々に行われており、グループ意識が弱いこと。ネット市場など、新たな業態に本格的にチャレンジできていないこと。

外部の機会

店舗網がネット販売事業者から「受取拠点」として期待されており、来店客を増やすチャンスになるかもしれない。

外部の脅威

コンビニサイズの小型スーパーが増え、スーパーの市場が食われていくかもしれない。地方の人口が減っており、地方の街道沿いのレストランやコンビニは苦戦するかもしれない。

どうだろうか。ここまで見てくると、仮説のキーワードとして「高齢化」「単身・小世帯」「小分け」「平日需要」「非まとめ買い」「健康志向」「接客販売力」「複数業態店舗」「ネット化」などが浮かんでくる(図6)。既存のサービスを理解したうえで、これらのキーワードを組み合わせて仮説に落とし込んでいくのだ。

3C分析やSWOT分析にはそれなりの労力を要するが、一度分析資料を作ってしまえば、そのあとは「差分」だけ見ればよくなるので、ラクになる。最初はちょっとだけ頑張って分析・作成してみよう。

図5 SWOT分析で強み、弱み、機会、脅威を洗い出す

	プラス要因	リスク要因
内部環境	**強み**(Strengths) ○経験豊かな従業員が多い ○複数の店舗業態を持ち、物流や商品調達の共通化によるメリットが生み出せる	**弱み**(Weaknesses) ○次の世代が育っていない ○店舗オペレーションが違うので、グループ構成員志向が弱い ○ネット市場など、新しい業態にチャレンジできていない
外部環境	**機会**(Opportunities) 店舗網がネット販売事業者から受取拠点として期待されており、来店客を増やすチャンスになるかもしれない	**脅威**(Threats) ○コンビニサイズの小型スーパー が増え、市場が食われていくかもしれない ○地方の人口が減っており、地方の街道沿いのレストランやコンビニは苦戦するかもしれない

図6 3C＋SWOT分析から見えてきたキーワード

No. 03

［ステップ②］

ターゲットを明確にしよう！

市場・顧客の状況を把握したら、STP（セグメント、ターゲティング、ポジショニング）という軸で顧客ターゲットを絞り込んでいく。またその際は、「4P（商品、価格、流通、販促）」に「C（顧客）」の視点を足した「①製品による『顧客ソリューション』」「②『顧客視点の』価格設定」「③購入時の『顧客利便性』」「④（先の3つをもとにした）販促による顧客とのコミュニケーション」で考えるようにしよう（P.76）。

特に、「①商品による『顧客ソリューション』」「②『顧客視点の』価格設定」「③購入時の『顧客利便性』」の3つをSTPと合わせて考えると、顧客ニーズとターゲット、提供方法をより具体的な形に落とし込むことができる。

仮説のキーワード「高齢化」「単身・小世帯」「小分け」、「平日需要」「非まとめ買い」「健康志向」「接客販売力」「複数業態店舗」「ネット化」から見えてくる顧客セグメントはどうなるだろうか？

いろいろとパターンは考えられるが、ここでは2つ挙げておこう。

1つ目は、図7のようなターゲット設定だ。キーワードを取り入れ、**お店の近くに住む、健康志向のシニア世代**をターゲットとして想定している。

2つ目は、図8のようなターゲット設定だ。こちらは、**30～40代以上の、単身世帯または子供のいない共働き夫婦**がターゲットだ。

いずれも仮説のキーワードを活かし、STP & 4P＋Cの視点でターゲティングをしていることがわかるだろう。

図7 見えてきたターゲット①

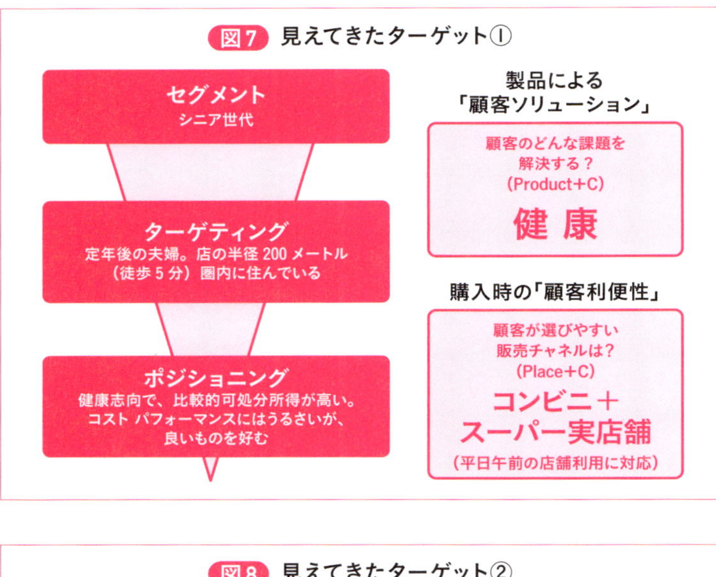
セグメント
シニア世代
ターゲティング
定年後の夫婦。店の半径200メートル（徒歩5分）圏内に住んでいる
ポジショニング
健康志向で、比較的可処分所得が高い。コスト パフォーマンスにはうるさいが、良いものを好む
製品による「顧客ソリューション」
顧客のどんな課題を解決する？（Product+C）
健 康
購入時の「顧客利便性」
顧客が選びやすい販売チャネルは？（Place+C）
コンビニ＋スーパー実店舗
（平日午前の店舗利用に対応）

図8 見えてきたターゲット②

セグメント
30～40代以上の単身世帯、子供のいない共働き夫婦

ターゲティング
平日にゆっくり調理する時間がない。スマートフォンを使い、ネットで買い物することも多い

ポジショニング
健康志向だが、食費にそれほどお金をかけない。コストパフォーマンスにはうるさいが、限られた予算でできるだけ良いものを買いたいと思っている

製品による「顧客ソリューション」

顧客のどんな課題を解決する？（Product+C）

健 康

購入時の「顧客利便性」

顧客が選びやすい販売チャネルは？（Place+C）

ネット＋コンビニ実店舗

（平日夕方のネット事前注文、コンビニ店舗受け取りに対応）

価格設定と販売チャネルと販促は？

では、この2つのターゲットを想定したとき、最適な「価格設定」と「販促」はどのように考えればよいのだろう。

ここで、4P＋Cの「販促による顧客とのコミュニケーション」とともに考えてみよう。例えば、次のような施策が考えられるだろう。

①商材は「健康志向」「調理時間節約」「コストパフォーマンスの高い味」という観点から、「お手軽レンジ調理：和食シリーズ」、価格は総菜パックよりも安く、インスタントよりは高い「1人前250円」「2人前450円」とする

②販売チャネルは、スーパーとコンビニの店頭販売。さらにネット注文も受け、宅配だけではなくコンビニ店頭受取サービスを行う

③販促キャンペーンはシリーズ同時購入が2点でポイント2倍、3点で3倍、4点以上で5倍のキャンペーンと組み合わせる

④午前中に買いに来てくれたり、ネットで予約してくれたら、次回の同商品購入時の割引クーポンをつける

⑤アプリからの利用時に、会員情報を登録・更新したり、付帯項目を入力してくれた方には、3カ月有効なポイントを進呈する

⑥店頭では、自社のベテラン販売員が声掛けと試食を行う

⑦グループのレストランでも、同様の商材をランチメニューに取り込み、告知する

どうだろうか。あくまで一例だが、想定した顧客視点に立ち、かつ自社グループの強みを活かした施策になっていることがわかるのではないだろうか（図9）。行き当たりばったりではなく、**市場や顧客、自社の強み、競合などをしっかり分析することで、理にかなった施策を立てやすくなる**のだ。では、①の商品はできている前提で、②の販売チャネル、③〜⑦のキャンペーン施策をどのように実現するか、これから考えていこう。

図9 4P＋4Cから立案した施策

「顧客視点」の価格設定

顧客ニーズを満たしたときの適正価格は？
(Price＋C)

総菜パックよりも安く、インスタントよりは高い

1人前250円
2人前450円

顧客はコストパフォーマンスを重視するので、「コストパフォーマンスの高い味」という観点で設定

販促による顧客とのコミュニケーション

顧客ターゲットとコミュニケーションできるプロモーションは？
(Promotion＋C)

①店頭試食販売
②同時購入で倍額ポイント付与
③午前中＋ネット予約で割引クーポン
④アプリ登録で期間限定ポイント
⑤グループのレストランでメニュー化

事前に市場や顧客、自社の強みを把握しておくと、顧客視点に立った最適なマーケティング施策を立案しやすくなる！

No. 04

〔ステップ③〕

関係者を巻き込もう!

関係者を「巻き込む」と成功率が高まる!

顧客ターゲットと商品を決め、価格やキャンペーン内容、販売チャネルも決定したら、このあと商品部のあなたは何をすべきか?

それは、**関係者を巻き込むこと**だ。顧客ターゲットと商品までは商品部内で決められるかもしれないが、実際のキャンペーンの展開や販売チャネルなどは、他部署のメンバーと協議が必要になる。

これは、どの現場でも同じだ。自分の部署だけで完結するのではなく、力を貸してほしい他部署を巻き込んで施策を実施することが大切だ（図10）。

そのためには、「**今回の施策には、どの部署を巻き込むべきか?**」を考える必要がある。今回のケースで言えば、営業部店舗運営担当、販売促進部、広告宣伝部、広報部、Eコマース部、IT部などが挙げられるだろう（企業によっては、新製品開発時には部署横断のプロジェクトが組まれて、最初から各部署のメンバーが参加するケースもある）。

では、関係者が「参加したくなる」巻き込み方と、そのための手法、さらに情報を「見える化」する重要性について説明しよう。

①目的・目標を明確にして役割分担をする

関係者を巻き込む際に注意すべきは、**それぞれの役割分担を明確にし、目的意識をしっかり共有すること**だ。役割分担や責任の所在が曖昧だと、むしろ成果が下がることがあるからだ。

図10 関連部署を巻き込め！

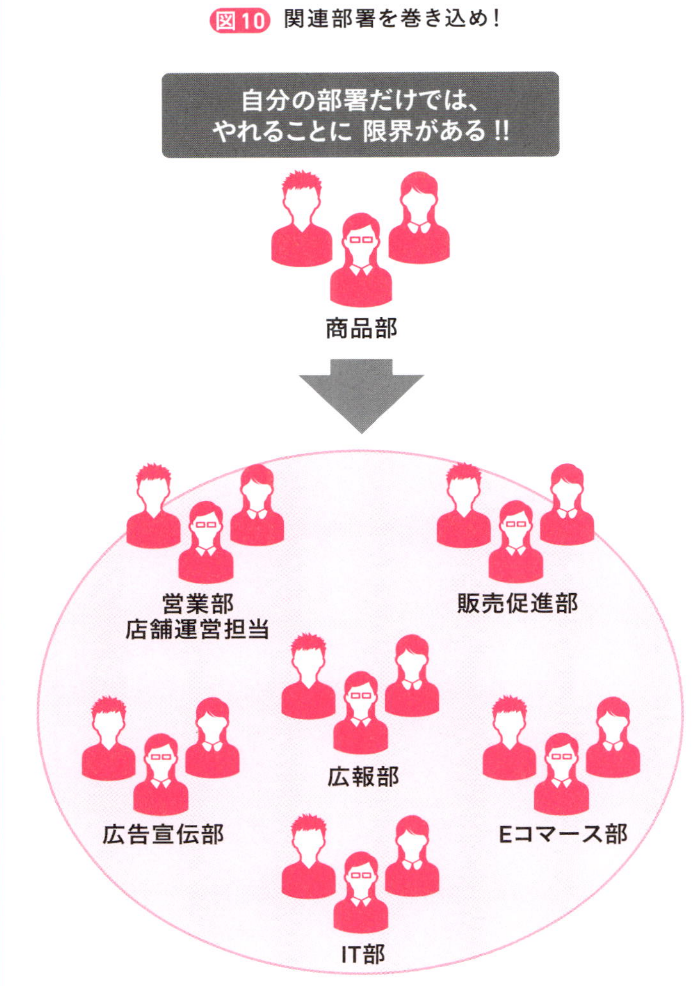

逆に、役割分担を明確にし、目的意識を共有し、進捗確認や成果確認をきちんと共有していくことができれば、キャンペーンの成功率が高まり、新商品の売上を伸ばしやすくなる。

今回のプロジェクト結成の目的は、「新商品の販売を伸ばすこと」である。

ただ、「販売を伸ばす」という曖昧な目標ではなく、**「期間」「金額」「個数」のように、数字に落とし込んだ明確な販売目標**を掲げよう。そして、それぞれの各数値が各部署の日々の活動と評価につながるように役割分担をしなければならない。

例えば販売促進部がWeb集客とそこからの購入（コンバージョン）を自部署の評価基準として持っているならば、その部分をプロジェクトの中でも担当してもらう。**「プロジェクトの活動」が、イコール「日々の活動と評価」につながる**からだ。その指標を日々見える化し、メンバーに共有することも忘れてはいけない。

②組織体制と会議体を明確化する

役割分担が決まったら、その目標数値の落とし込みとともに、進捗を確認するための会議体を設定しよう。その際は、「**どんな目標数値や課題について話し合う場なのか**」決めておき、会議体同士で内容が重複しないようにすることが大事だ。

③スケジュールと課題管理表を共有化する

いざ施策を始めると、新商品情報をはじめて世の中に伝えるプレスリリースや、店頭での発売、キャンペーンの展開など、同時並行でいろいろなことが進んでいく。

いちいち会議体で確認しないで済むように、全体のスケジュールを作成し、日々更新し続け、メンバーに共有しよう。それにより、お互い確認し合うことができ、施策の実行忘れなどがなくなる。

あわせて準備期間、キャンペーン展開中も含めて「課題一覧」を作成し、担当者と作業内容、課題終了日を明確にしておく。この課題管理表は、スケジュールよりも細かい内容になるので、**スケジュール表とは別に作成する**と使いやすくなるだろう（図11）。

図11 うまくいくプロジェクト化のポイント

① 目的・目標が明確で役割分担がしっかりしていること

② 組織体制と会議体が明確であること

③ スケジュールと課題管理表が共有されていること

No.

05 ［ステップ④］施策を実行しながら「見える化」しよう！

実行フェイズになったら、現場での販売活動が中心になってくる。商品の確保、店頭への販促物（ポスターやPOP）の掲示確認や各種宣伝など、「実行すると決めた施策」を、「決められたタイミング」で、「決められた担当者」がきちんと実行していくことが大切だ。

プロジェクトとしては、事前の予約数、発売後の売上・客数や地域での数値など、事前に取り決めた指標について日々追跡し、一覧化し、メンバーに「見える化」し続けなければならない（図12）。

これは、どのプロジェクトでも同じことだ。現場での**「各施策の実行」と、「その数値の見える化・共有化」が両輪で回ってこそ、キャンペーン効果の最大化がはかれる**のだ。何度も繰り返しているが、ここがマーケティングにおける一番重要な部分である。

施策を実行していると、当然途中で問題が起きたりすることもある。その場で解決できるもの、短期間で対応策が打てるものは、実施期間中であっても取り組まなければならない。実際にプロジェクトが始まると目的をはき違えがちだが、最も大切なのは**「決めたことを決めた通りにスケジュールで進めること」ではない**。「売上・利益・客数を伸ばすこと」だ。顧客が困ること、そして店頭の現場が困ることは、極力解決に努めなければならない。

期間中に改善の見込みがない、もしくは時間がかかってしまう案件は、後日再検討できるように記録を残しておく。そのことも現場にフィードバックし、継続検討していることを共有する。この長いPDCAサイクルについてもきちんと取り組まなければ、今後の課題改善につながらないからだ。

図12 今回プロジェクトの実行イメージ

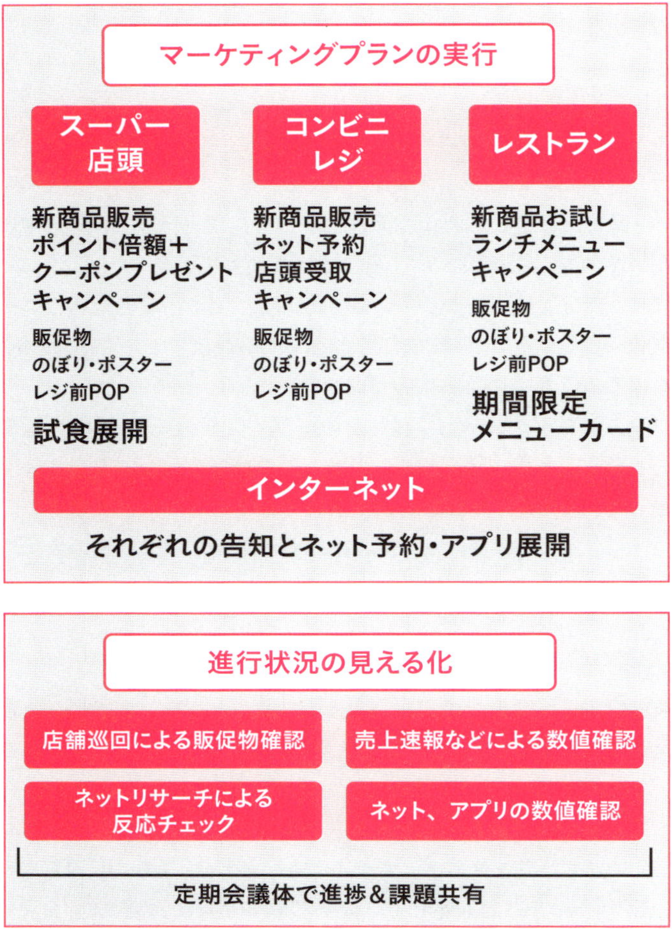

マーケティングプランの実行

スーパー店頭	コンビニレジ	レストラン
新商品販売 ポイント倍額＋ クーポンプレゼント キャンペーン	新商品販売 ネット予約 店頭受取 キャンペーン	新商品お試し ランチメニュー キャンペーン
販促物 のぼり・ポスター レジ前POP	販促物 のぼり・ポスター レジ前POP	販促物 のぼり・ポスター レジ前POP
試食展開		期間限定 メニューカード

インターネット

それぞれの告知とネット予約・アプリ展開

進行状況の見える化

- 店舗巡回による販促物確認
- 売上速報などによる数値確認
- ネットリサーチによる反応チェック
- ネット、アプリの数値確認

定期会議体で進捗＆課題共有

「施策の実行」と、「数値の見える化・共有化」を
両輪で回すことが大事！

No. 06 ［ステップ⑤］施策結果の報告と改善策の提案

キャンペーン期間が終わり、全ての施策を実施したら、分析と検証を行う。当初定めた商品の売上・個数といった「目標数値への到達度」や、各部署が担当したWebや販促指標の達成度、そして実施途中に起きたいくつもの課題なども整理していく（図13）。

マーケティングキャンペーンの規模にもよるが、報告資料は詳細な結果の一覧表以外に、1枚で「**目標・目的の達成度**」や「**各指標の成果**」が見えるようなものも準備しておこう。

プロジェクトメンバーは詳細がわかっているからいいが、はじめて内容を聞く人もいるのだから、まず一目で結果がわかる資料で理解してもらい、その後、詳細な各指標を確認してもらったほうがよい。それにより、施策の理解度も、その後改善が必要な際の周囲の協力度も変わってくるからだ。

PDCAの「C」と「A」が最も大事！

PDCAで最も重要なのは、「計画（Plan）→実行（Do）」のあとの「**分析・確認（Check）**」と「**改善・次の行動（Action）**」である。その際、「数値の結果」だけでは次の改善点が把握しにくくなる。よって、各担当部署での「課題内容」を明確にしておこう。

よく問題や課題を挙げると嫌がる人もいるが、大事なのは「**問題や課題を解決し続けること**」そして「**顧客や現場の問題が改善され、企業の売上や利益に貢献すること**」である。数字はその確認のための指標に過ぎない。

数字が良かろうが悪かろうが、途中の課題を把握し、事後に改善していくことが、あらゆるプロジェクトにおいて最も重要だ。

改善ポイントは「部署単位」の場合もあれば、「全社単位」の場合もある。臆せずきちんと明確化して、改善提案を行っていこう。

マーケティングは新しい取り組みも多く、やってみないとわからないことが多い。

だからこそ、しっかり仮説を立てて計画し、実行したあとは分析・検証して改善し続けるのだ。

図13 施策実施後のポイントは……

① 目標に対する数値結果を見える化すること

② 目的に対する「課題」や「改善点」を見える化すること

③ 達成度が一目でわかる報告書を作り、広く共有すること

>> マーケターインタビュー⑤

奥谷孝司
（オイシックスドット大地）

マーケティングは学問と実践が融合していく

[Profile]

>奥谷孝司（おくたに・たかし）

現オイシックスドット大地株式会社統合マーケティング部部長室室長 COCO（Chief Omni-Channel Officer）。1997年、「無印良品」を展開する良品計画に入社。3年の店舗経験後、取引先の商社に2年出向し、ドイツ駐在。家具、雑貨関連の商品開発や貿易業務に従事。帰国後、海外のプロダクトデザイナーとのコラボレーションを手掛ける「World MUJI企画」を運営。2003年良品計画初となるインハウスデザイナーを有する企画デザイン室の立ち上げメンバーとなる。05年衣服雑貨部の衣料雑貨のカテゴリーマネージャー。現在定番商品の「足なり直角靴下」を開発、ヒット商品に。10年Web事業部長。「MUJI passport」のプロデュースで14年日本アドバタイザーズ協会Web広告研究会の第2回WebグランプリのWeb人部門でWeb人大賞を受賞。 2015年10月よりオイシックス株式会社（現オイシックスドット大地株式会社）入社。COCOに就任。2017年4月より一橋大学大学院商学研究科博士後期課程に入学。学術と実務の融合に挑戦中。

◯アイディアは氷山の一角

僕にとってマーケティングにおける「実践」と「学問」は、「具体」と「抽象」を行き来することでしょうか。

事業をやっていると、野生の感でだんだん何が売れるかわかってきます。一方、コンサルティングのフレームワークを使っても、成功したり、しなかったりするものです。そんな中で新しい視点が欲しいときには、「学問のフレームワーク」がいいと思うんです。

事業を実践する中で「この現象ってどういうことなんだろう？」と考えることは多い。

例えばLINEやメルカリは何で流行ったんだろう？上司から「ああいうのをやれ！」と言われる人は多いでしょうが、単にアイディアをコピーしてもうまくいかないですよね。僕はよくアイスバーグ（氷山）の考え方を使います。海面上に見えているアイディアを見ると、すごくいいと思う。でも、実際には見えてるのは「氷山の一角」で、実は氷山の大半は海面下にある。この海面下の見えないところが「課題解決」の部分です。ここが大事なんです。つまりアイディアだけ流用しても、「顧客の課題解決」という重要な部分をちゃんと取り込んでいないと失敗するということです。

○消費者心理が見える

オムニチャネルと買い物の価値とは？オフラインの価値、オンラインの価値、モバイルの価値って何だろうか？いつも様々なことを考えてます。そのときにはアイディアセンスと、学問、コンサルのフレームワークで考えます。変わりゆくデジタルマーケティングを、こうした考察をしっかり行って把握しないと、もう事業のいちプレーヤーだけでは、やり続けられないと思います。例えば民泊サービスの「Airbnb」は、クチコミが大事なのか、写真が大事なのか。実は大半の人は「写真しか見ていなかった」という事実が、学術論文で明確にされました。こうしたマーケティング思考＋マーケティングセンスの繰り返しでユーザーインサイトを見つめていくことが大事です。

あるいはモバイル広告の仕組みも、フレームワークと学術論文でつまびらかにする。どうしたら成功して、どうしたら失敗しやすいのか。

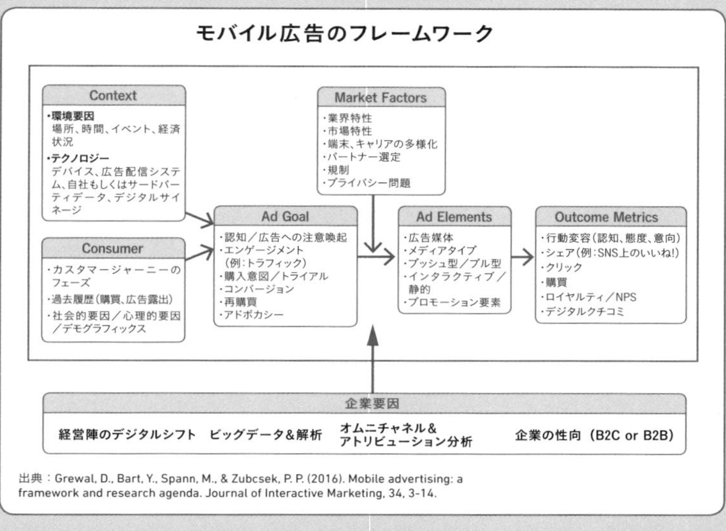

出典：Grewal, D., Bart, Y., Spann, M., & Zubcsek, P. P. (2016). Mobile advertising: a framework and research agenda. Journal of Interactive Marketing, 34, 3-14.

こうした整理を行わないで、どういう状況かわからないままにカスタマージャーニーを作ってみたり、顧客時間のフレームワークを考慮しないで広告を打ってみたりしてしまうものです。そもそも「利益」「客単価」「リピート」「ロイヤルティUP」などのうち、何をゴールにして取り組むのか？それを先に決めておくことが重要です。

新しいものに対して消費者はどう捉えるのか。プラスにとるのか、マイナスにとるのか。例えばモバイル決済を流行らせるためには、イノベーション理論で言うところの「アーリーアダプター」に語らせることが重要だと思います。抽象化されたものではなく、具体的な言葉でメリットを伝えると、フォロワーやレイトマジョリティまでが動き出すかもしれない。新しい技術に対する消費者のネガティブな反応もよく考えてみなくてはなりません。

コンサルのフレームワークがあると、仕事はしやすいですが、必ずしも成功要因とはなりません。実務家はPDCAのP（計画）にフレームワークを使いますが、学問では終わった事業の成功・失敗の要因を理解するため、つまりC（検証）にフレームワークを使います。

○学問のフレームワーク

実務家は事業の中で毎日仕事をしています。そのスタイルは攻撃型であったり、ディフェンス型シンプルであったり、実際の業務と相手の反応に合わせてフレームワークを使い分けたりするからいろいろです。

一方学問では、そうした事業の結果を見て、深く考える。PDCAのC（検証）、A（改善）をするときのフレームワークは、全体図から入るのが良いと僕は考えています。細かいフレームに入る前に、まず全体のフローで理解する。そして何を前に押し出していくのかを先に想定しておく。それは業種によって変わることもあるし、事業によって様々だからです。

こうした学問におけるフレームワークは、事業において、何から考えていいかわからないときに、きっかけを作ってくれます。なぜなら学者は事業者と違って、売上や利益などの結果に縛られず、冷静に不都合な真実もしっかりつかむことができるからです。結果が良くても悪くても、全てを考察対象としてPDCAをきちんと見る。だから、その事業の課題がちゃんと「見える化」されるのです。そういう理由でコンサルタントや事業者は、学者に学びたがるのではないでしょうか。

マーケティングには「唯一の答え」がありません。だから事業者は実践し続けながら「具体」と「抽象」を行き来し続けたほうがいいんです。具体は実践であり、抽象は学問です。

そのためには実務的なフレームワークも、学術的なフレームワークも、勉強しておくことが必要です。どちらが上でも下でもなく、双方の視点を持つことで、行き詰まることなく、ビジネスを考えることができるようになるんじゃないでしょうか。

COLUMN

社外との交渉ノウハウ

取引先との交渉事は、どうやって進めるべきか？ けんか腰？下手に出る？ 実はもっと効率的な交渉方法がある。コツは、「お互いがお互いの上長に報告できる内容にすること」だ。

まず覚えておいてほしいのは、「交渉は勝ち負けではない」ということ。よくあるのが、「1円でも安くできたら勝ち！」という考え方だが、もし無理やり値下げさせられたら、あなたはその会社と取引し続けたいと思うだろうか？ 担当者同士が話し合うのは、お互いの会社の立場で、「どうしたらお互いが良い条件で継続的な取引をできるか」だ。

次に大切なのは、「折り合えるポイントを並べてみること」だ。金額、納期、納品数など、各条件において「最低限お互いが守らないと商売にならない部分」を共有していく。その中で、それぞれにおいて可能な範囲で妥協し合い、最終的に双方が納得できる取引条件を作り上げていこう。

そして、「本来の目的を達成しているかどうか」を確認する。「自社の顧客に新しいメリットを提供したい」「取引先を増やして市場シェアを上げたい」など、お互いにそれぞれの取引を始める前の思惑があったはず。取引条件をまとめた結果、その目的が満たされるかどうかをちゃんと確認しよう。「取引すること」が目的にならないように要注意だ。

最後に、交渉の結果をまとめた文書を双方で作成し、条件のズレがないことを確認する。取引先は「パートナー」であり、お互いが商売を継続するにはどうしたらよいかをきちんと共有して条件をまとめることが重要である。

CHAPTER

5

ビジネスにおけるマーケティング

ここまで、マーケティングの考え方、基本の流れ、準備事項、実際のアクションまでを紹介した。ここでは、あらためてビジネスにおけるマーケティングの役割と重要なポイントについて解説する。

No. 01

［企業理念とマーケティング］

企業の役割は「社会の役に立つこと」だ！

社会貢献＝マーケティング？

マーケティングは、企業理念を実現するものだ。今までもそうだったが、今後はさらにその考え方が大事になる。

当たり前のことだが、「企業」が社会において存在し続けられるのは、**社会の役に立っているから**である。社会に価値ある商品やサービスを提供し続けることで、人々の暮らしや他の企業の活動に貢献し、その結果として売上・利益を得ている（そしてその利益を税金として還元し、社会にさらに貢献している）。

創業者の多くは、何らかの商品やサービスで「社会に貢献したい」と思って自社を創業している。その創業時の「社会に貢献したい」という想いが言葉になったのが「企業理念」である。

第1章で、マーケティングの目的を次のように定義した。

①市場・消費者に自分たちの商品・サービスを知ってもらい、「買ってみたい、使ってみたい」と思わせること
②買った人、使った人たちに、繰り返し使ってもらうこと
③使ったあとで「良かった」「悪かった」と情報発信してもらい、他の消費者に影響を与えること
④その買った人、使った人の「声」を整理し、より良い商品・サービスへと改善すること
⑤その改善点をあらためて市場・消費者に知ってもらい、「買ってみたい、使ってみたい」と思わせること

あらためてこの定義を見ると、マーケティング活動の本質は、「**自社の商品・サービスで社会に貢献すること**」にあることがわかるだろう（図1）。だからこそマーケティングでは、**常に市場・消費者・顧客（つまり社会）が受け入れてくれるか、評価してくれるかを考えなければならない**のだ。マーケティングが単なる販売促進・宣伝活動に留まらず、商品開発から顧客の声を聞いてまた改善に取り組む作業までを含むのは、企業が「社会の評価」を知り、自分たちの商品・サービスに反映しなければならないからである。

図1 企業理念と社会貢献

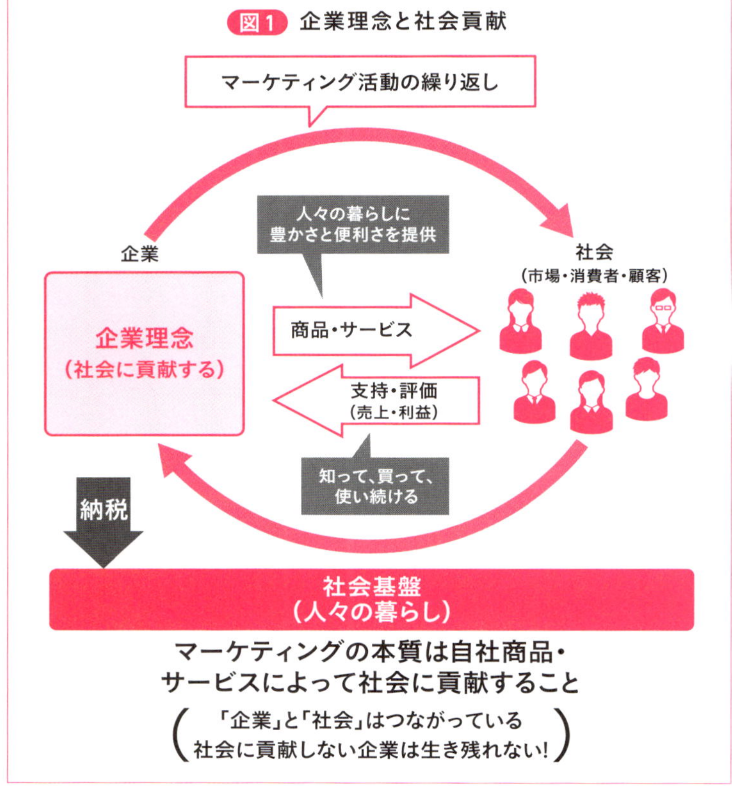
マーケティング活動の繰り返し
人々の暮らしに
豊かさと便利さを提供
企業
企業理念
（社会に貢献する）
商品・サービス
支持・評価
（売上・利益）
社会
（市場・消費者・顧客）
知って、買って、
使い続ける
納税
社会基盤
（人々の暮らし）
マーケティングの本質は自社商品・
サービスによって社会に貢献すること
「企業」と「社会」はつながっている
社会に貢献しない企業は生き残れない！

No. 02

〔企業理念とマーケティング〕

顧客とのエンゲージメントが企業理念の実現につながる！

企業理念に基づいて社会に貢献していくためには、社会、つまり市場・消費者・顧客のニーズを知り、より良い暮らしができるように、より良い社会になるように、自社の商品・サービスを改善し続けなければならない。

だからこそマーケティングでは、3C分析やSWOT分析といった社会環境の調査を行い、STPなどで顧客ターゲットを深く分析するのである。もちろん、4P+Cの施策を実行し、結果を分析して改善を行うのも、市場・消費者・顧客により貢献するためだ。

その中でも、自社の商品・サービスを使ってくれた顧客とのつながりは、企業にとってとても重要である。はじめて自社の商品・サービスを買ってくれた新規の顧客、継続的に利用してくれている既存顧客。それぞれつながりの深さは違うし、個々の顧客によっても異なるだろう。

ただ、その様々な顧客とのつながりを、顧客に合わせた継続的なコミュニケーションによって、より深い関係である「エンゲージメント」にまで高めることが、顧客満足度の向上につながる。顧客満足とは一度きりのものではなく、この**エンゲージメントを継続し続けること**によって維持し、高め続けるものだ（図2）。その継続こそが、「**顧客の支持の証**」である。この顧客の支持・評価を増やし、高めることが、Share（共有）される世の中では、より多くの顧客とのエンゲージメントにつながる。それが最終的には「**企業理念の実現**」に結び付く。

そう考えると、マーケティングが、ビジネスにおいて企業理念を実現するための大事な活動であることが再認識できるはずだ。

図2 継続的な買い物体験エンゲージメント

ある企業の取り組み	顧客満足度
①新店チラシ誘導 近くの新しいお店でお得に買い物できて満足! **ポイントカード作成**	満足度↑ →回数
②ネット広告誘導 検索していたら最寄り店のセール案内を偶然見つけ、いい買い物ができて満足! **店頭でメルアド登録**	満足度↑ →回数
③メルマガ誘導 魅力的なキャンペーン情報を知り、ネットショップで手軽に買い物できて満足! でもポイントが店と別で残念! **ネット会員ID作成**	満足度↑ →回数
④クーポン発行アプリ ネットもお店も共通で割引&ポイントをもらえるので便利! 両方で買い物できて満足! **アプリダウンロード**	満足度↑ →回数
⑤アフターケア コールセンターで親切に対応してもらえて満足! 今までたくさん買っていることも知っててくれた!	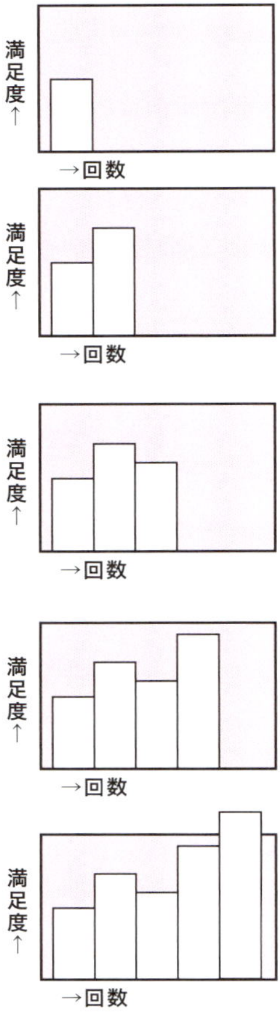 満足度↑ →回数

顧客に合わせた継続的な
コミュニケーションでエンゲージメントを高める!

CHAPTER 5

No. 03

［企業が存続するために必要なもの］

売上・利益・客数とその継続が大事！

第1章で定義したように、マーケティング活動で最も重視すべき数字は、メルマガやWebコンテンツを見てくれた数ではなく、顧客が買ってくれた・使ってくれた結果である「売上・利益」であり、さらに言えば「**繰り返し買ってくれた・使ってくれた人の数**」だ。

マーケティングでは「Webのページビュー」「コンバージョン」など、成果を測るいくつかの指標（KPI）がある。特に昨今はマーケティング業務が分業化し、各業務をより細かく正確に行えるようになった関係で、作業ベースで評価できる細かい指標も増えてきた。

ただ、そうした指標はあくまでも途中経過を測るためのものであって、最終的な目標（KGI）ではない。

「指標」に目を向けすぎると……

往々にしてありがちなのが、**現場の到達目標となるいくつかの指標を「最終目標」としてしまうこと**だ。その結果何が起きるかというと、「自分の部署は目標をクリアしているのに、他の部署が仕事しないんです！」という話になる。実際には、分業とは、1つの流れの中のたくさんの業務を分けただけなのだから、全ての分業は1つの流れになって顧客につながっていくはずなのだ。

だからこそ、マーケティングの評価は「売上」と「利益」と「客数」で測らなくてはならない（図3）。特にこれからは、分析ツールなどの進化によって、チャネルをまたがった顧客の「継続性」がより明確になる。かつ顧客を「新規」と「既存」に分けて見ることが当たり前になる。その既存顧客も、1年間の来店回数と購買金額などではなく、

「5年に何回」「10年に何回」という長いサイクルで見ていけるようになるだろう。こうした売上・利益・顧客が継続していくことが、企業の存続には必須である。そして、その施策も検証も、マーケティング活動を通じて行われるのだ。

図3 マーケティングの評価指標は「売上・利益・客数」

ページビュー
クリック率
コンバージョン
メールの開封率
インプレッション数
etc...

いずれも部署のKPIに過ぎない
（重要業績指標）

売上
利益
客数

＋
継続性

全社共通のKGIが大事!
（重要目標指標）

No. 04

〔企業が存続するために必要なもの〕

顧客の「ライフタイムバリュー」を意識する！

「商品勘定」から「顧客勘定」へ

マーケティングにおいて、顧客とのエンゲージメントを長い期間で見える化できるようになると、今までの単年度の売上計画から、3〜5年の中期的計画、10〜15年の長期計画を、顧客視点で考えて立案・実行することができるようになる。

例えば5年経てば、子供はかなり成長する。生まれた子供は小学校入学準備を迎え、小学校高学年の子は高校生になる。10〜15年経てば、さらに成長するだろう。子供だけでなく大人も、それだけ時間が経てば変化する。50代の10〜15年後はシニア世代となり、新しいライフスタイルを模索しているだろう。

その中で、企業と顧客が商品・サービスを介してつながり続け、エンゲージメントを深めていけるのであれば、それは従来の「商品」の売上から算出する売上計画ではなく、「顧客」がその企業で生涯にわたって使うお金、つまり**ライフタイムバリューによって売上を算出できる**ことになる（図4）。

「商品」を売る前提の予算立案と、「顧客」の購買・利用に合わせて作られた予算と、どちらが実現性が高いだろうか。

顧客の購買に基づくということは、今までのような「商品がどれだけ売れるか」という「商品勘定」から、**「年間いくら使う顧客が何人いたら予算が達成できるか」という「顧客勘定」になる**ということだ。もし売上利益が足りなければ、既存顧客のうち買い上げが伸びそうな顧客に適切なマーケティングを行ったり、まだそれほどお金は使わないものの、将来的な顧客になりそうな新規顧客を適切に取り込む施策を行ったりすればよいことになる。

つまり、マーケティングをきちんと行うことは、「顧客の立場に立って行う企業経営」にもつながるのである。

図4 「商品勘定」から「顧客勘定」へ

例えば年間100億円の
売上目標を達成するために……

商品勘定の場合

カメラ2万台＝40億円
プリント1000万枚＝30億円
スマホ2万台20億円
家電1万台＝10億円

合計100億円

顧客勘定の場合

年間30万円買い物をしてくれる顧客＝7000人
年間10万円買い物をしてくれる顧客＝1万6000人
年間5万円買い物をしてくれる顧客＝3万人
年間3万円買い物をしてくれる顧客＝6万人
年間1万円買い物をしてくれる顧客＝10万人

合計21万3000人で100億円

「商品単位」ではなく、マーケティングによって
実現性が高まる「顧客単位」で考えることができる！

No. 05

［人と組織の力］

社内組織をヨコ通しして組織力をアップする！

人や部署単位でなく、組織全体の力が問われる

本書で何度か触れてきた通り、今のマーケティングは一部署の力では効果を発揮しない。

大量販売・大量生産でマスマーケティングが有効だった90年代までは、商品の力だけ、販売促進の力だけ、広告宣伝の力だけでも売上を作れた。よって、組織の評価も、「会社全体の視点」というより、部署単位・個人単位の評価が大きなウェイトを占めていた。どうしても部分最適な目標が増え、企業全体の視点で取り組むことが、組織的にも評価的にも難しかったからだ。

しかし、デジタル時代に入ると、顧客が各商品をシビアに選別するようになり、また人口や収入の減少、小世帯化も影響して、かつてのように商品が大量に売れるケースが少なくなっている。だからこそ、今は「顧客」の視点と「企業理念」を実践する視点で、部署同士が協力し合い、**「マーケティング」という共通軸で共同歩調をとらなくてはならない**のだ。複数の部署が、顧客の立場に立って、売上・利益を達成目標として一緒に取り組むからこそ、大きな成果を生むことができる。

従来のようなタテ割り組織での個別評価では、ヨコ通しの協力体制が作れず、成果を上げることができなくなっているのである（図5）。

現在のマーケティングは、「人」と「組織」の力があってこそ成功する。つまり、**「組織全体としての能力」が問われる時代**になっていると言えるだろう。

図5 マーケティングに組織全体の力が問われる時代

経営会議
全社売上・利益・客数

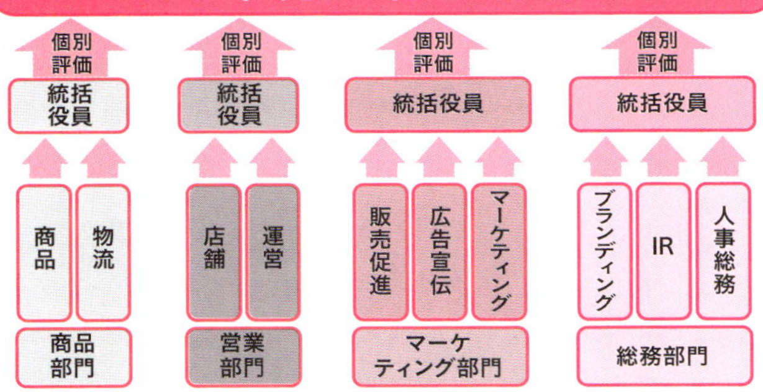

タテ割りの組織による個別評価では、
成果を上げることができない！

マーケティング思考に基づく経営会議
全社売上・利益・客数と継続性（KGI）
（顧客視点の企業理念）

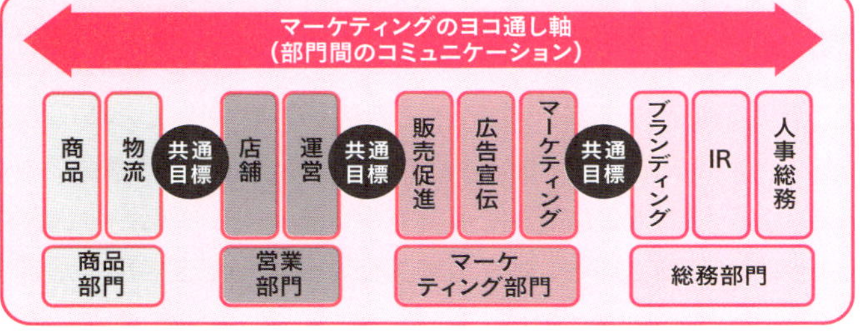

ヨコ通しの協力体制によるマーケティングが必要！
＝
マーケティングに「組織力」が求められる時代に！

No. 06

［人と組織の力］

内部と外部の力を上手に組み合わせる！

組織・人において今までと変わったのは、内部と外部の人材の活用方法だ。

特にマーケティングの世界では、デジタル化に伴い、新しい手法やツールがどんどん生まれ、進化している。よって、内部の人材だけでは対応しきれなくなるケースが増えているのだ。だからこそ、**「外部の力」を上手に活用すること**も重要になっている。

外部の力を借りると言っても、その際に内部のスタッフは何もできない、しなくていい、というわけではない。

内部の人間は自社の業務フローや組織文化に触れているぶん、内部オペレーションには精通しているはずだ。その内部オペレーションを踏まえたうえで、外部の力を活用するのが上手なやり方である。

例えば、マーケティングの基本のプランニング部分、つまり環境分析や、戦略立案、施策立案については内部の人材が考える。一方、施策におけるイベント展開やデータ分析など、専門知識やテクニックを必要とする部分は、外部の人材に任せる、という具合だ。

企業理念に基づいてマーケティングの基本戦略を考える部分は必ず内部の人材で内製化し、ノウハウを貯めていったほうがよい。

一方、データ抽出や解析、イベントプロモーション活動の部分はコントロールはするものの、外部の知見やツールを徹底活用したほうが効率的なことも多いのだ（図6）。

特に昨今は、多くの企業が人手不足に悩まされている。「何もかも内部で行う」のではなく、必要に応じて外部の人材・リソースを上手に活用するのが、時代に合った人材活用法だと言えるだろう。

図6 外部のリソースを上手に活用する

アクションプラン

ステップ①
仮説立案

3C分析やSWOT分析で市場や顧客、自社や競合について分析し、仮説を立てる

ステップ②
顧客ターゲティング・施策立案

STP・4P+Cの手法で、市場・顧客の中からどの顧客ターゲットを狙っていくのかを絞り込む。さらにそのターゲットに対して「価格」「チャネル展開」「販促施策」を落とし込む

ステップ③
プロジェクト化と施策詳細検討

関係者の整理、目的やスケジュールの共有

ステップ④
情報の見える化・共有化

施策が始まったら、常に情報を見える化・共有化する。また、実施中は定期的に進捗会議を行う。
各種イベントを実施する(外部)

ステップ⑤
仮説検証、改善計画立案

施策結果の分析を行う(外部)
分析をもとに検証会議を行い、仮説を検証。改善点を見つけ、改善提案書をまとめる

マーケティングの基本戦略は内部で行うが、専門知識やテクニックを要する部分は「外部に任せる」という考え方も必要!

No. 07

〔人と組織の力〕

マーケティング活動は変革のチャンス！

マーケティングが企業において重要な理由

マーケティングで一番大事なのは、「見える化して改善すること」だと繰り返し述べてきた。そして何度も言う通り、マーケティングは、「企業理念」と「顧客視点」に基づいて、組織を横断して行われるべきものだ。

この改善提案も、一部署で完結するものから、全社の課題となるものまで様々だろう。この組織を越えたPDCAのサイクルで改善し続けるマーケティング活動こそ、会社の中に常に変革を起こし続ける「原動力」になり得る。

だから筆者は、経営層が**組織内の活動において、最も注目すべき部分はマーケティング活動だ**と考えている。だからこそ、マーケティングは全体最適で考えなければならず、企業理念、全社の売上・利益の最大化という目標を目指さなければならないのだ、と。

マーケティングの成果は、売上・利益・客数・継続率という数値に置き換えることができる（また、置き換えなければならない）。つまり、**企業の経営陣・上層部と中間層、現場、そして顧客が、マーケティングという視点で見れば、1つの流れとして結び付く**のだ。

これが企業としての戦略につながる。しかも単年度ではなく、複数年の長期にわたる戦略につながるのだ。まさに企業変革の流れである。逆に言えば、**マーケティング活動は企業変革のチャンス**だということだ（図7）。マーケティングにはそれだけの力があり、またそれだけ重要な業務なのである。

図7 マーケティングは企業を変える！

マーケティング活動

＝

顧客視点・企業理念での継続的な改善活動

＝

企業の変革へ！

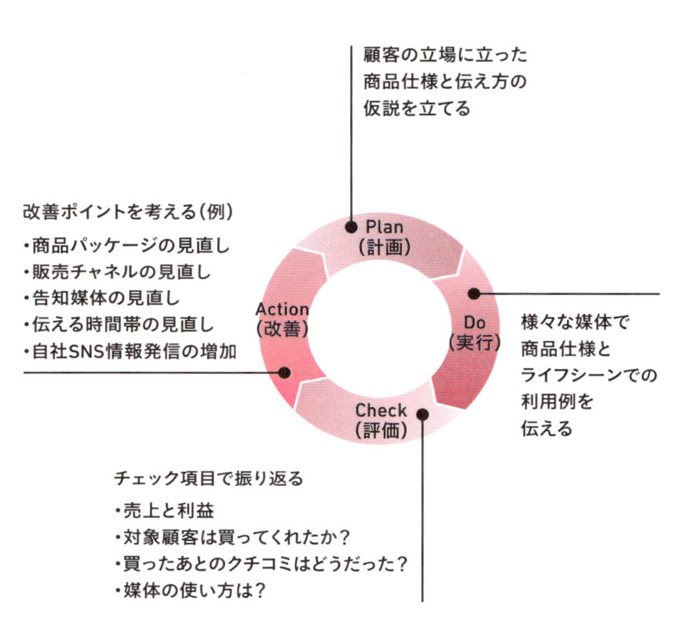

顧客の立場に立った
商品仕様と伝え方の
仮説を立てる
Plan
(計画)
Do
(実行)
様々な媒体で
商品仕様と
ライフシーンでの
利用例を
伝える
Check
(評価)
チェック項目で振り返る
・売上と利益
・対象顧客は買ってくれたか？
・買ったあとのクチコミはどうだった？
・媒体の使い方は？
Action
(改善)
改善ポイントを考える(例)
・商品パッケージの見直し
・販売チャネルの見直し
・告知媒体の見直し
・伝える時間帯の見直し
・自社SNS情報発信の増加

CHAPTER 5

>> マーケターインタビュー⑥

藤元健太郎
（D4DR）

マーケティングの重要性はますます増してくる

[Profile]

>藤元健太郎（ふじもと・けんたろう）

野村総合研究所を経てコンサルティング会社D4DR代表。ITを活用した大手企業の新規事業やマーケティング戦略、オープンイノベーションなどをテーマにしたコンサルティングを多数実施。また複数のスタートアップの立ち上げなどベンチャービジネスのビジネスプロデューサーや経営陣としても参画。青山学院大学大学院国際マネジメント研究学科Executive MBA非常勤講師、関東学院大学非常勤講師。経済産業省産業構造審議会委員、日本情報経済推進協会（JIPDEC）の委員会座長などを歴任。様々な立場から社会変革に挑戦中。連載開始から8年目になる日経MJのコラム奔流eビジネスを連載中。

○ネット化とモノが売れない時代が同時にやってきた

今までは、あまりにもマーケティングが軽視され過ぎていたと思います。

高度経済成長期はとにかく作れば売れたから、マーケティングは不要でした。企業では「良いものを安く生産して提供すること」が標語になり、メインは生産の中心となる工場。だから工場長が一番重要な地位でした。工場内では生産ラインの効率化や品質管理、QCサークルなど、生産現場を中心に改善・改革が進み、IT投資も生産やサプライチェーンに関わる部分中心に行われました。

この時代のマーケティングは調査が主な仕事だったし、マーケティング部がない企業も多かったと思います。そうした時代が長く続いたあと、バブルの時代を経て、90年代の「急激なネット化」と「モノがたくさん売れない時代」が同時にやって来てしまいました。

欧米とは違い、いきなりコトラーのマーケティング3.0（1.0製品中心→2.0消費者中心→3.0価値中心）の時代へ入ってしまったんです。

○情報とコミュニケーションのバリューチェーン

そうなると、製品を安くしても売れない。海外からはさらに生産コストが安い商品が入ってきます。

こうした環境で商品を買ってもらうためには、価格だけではなく、顧客に「商品の価値」を理解してもらい、共感してもらって、応援してもらえるようにならないといけません。そのためには、顧客との「つながり」がますます重要になります。

そこでネットのテクノロジーを活用し、ダイレクトに顧客とつながる形が重視されるようになっています。施策やツールの導入よりも、マーケティングに本質を置いた「組織構造の構築」が必要で、工場・生産がメインの製品のバリューチェーンから、情報・コミュケーションのバリューチェーンへの転換が必要になっているんです。

これまでも単品通販会社などではコールセンターがビジネスの中心であり、コミュニケーションが商売そのものだったので、コミュニケーションのバリューチェーンができていました。でも、流通・卸・小売の多くの企業ではまだできていません。どうしても営業・販売サイドが中心になるからです。

ライフタイムバリューで考えると、いいお客さまは誰で、どれだけお金を使っていただけるのか、ちゃんと「見える化」することができるはずです。

いわゆるRFM（Recency：直近いつ、Frequency：頻度、Monetary：購買金額）分析の「F」に評価軸を変えていくんです。

例えばコールセンターは通話時間を短くして業務効率を上げることを目的にするのではなく、応対した顧客が実際に次の買い物をしてくれたかどうかをデータで見える化し、頻度向上を図ることが重要になっています。

それも自店だけでなく、自社チェーン内の他店や、ネットやカタログなど、複数チャネルのどこかで買ってもらうことも含めて、です。

自分たちの商品サービスをどうやって選んでもらい、繰り返し使っていただくのか。企業経営の主軸を、「製品のバリューチェーン」から「顧客とのコミュニケーションのバリューチェーン」へ変化できるかどうかがポイントではないでしょうか。

ITの進化に伴って、サブスクリプションも進んできました。例えばオイシックスドット大地のお試しセットのマーケティングは、セット発送後、3週間以内に次の購入があるかどうかを見て、次のアクションを取っています。お試しが事実上1回目の購入になっているわけです。

使うお金が減る中で、どうしたら継続利用してもらえるのか、いろいろリコメンドしながら探っています。

○「マーケティング思考」の経営

これからはサプライチェーンとマーケティングが重要になります。これまでは企業内の店舗間での競争文化だったかもしれませんが、それも変わらなくてはなりません。

1人のお客さまが各店舗のどこかで商品・サービスを購入して

使ってもらえるなら、店舗ごとの売上ではなく、「そのお客さまがいくら使ったか」で評価も決めていくべきです。

バイヤーの指標もお客さまの購買に軸を置いたものになっていくでしょう。こうしてマーケティング前提に組織が回っていくのです。

米国最大の動画配信サービス会社である「ネットフリックス」は最初から、「既存の視聴者がそのテーマのドラマならどれだけ見てくれるのか」というマーケティングプランを立てて、自主製作コンテンツを作っています。

つまりポートフォリオ（事業の組み合わせ）が組めるので、最初から儲けるチャレンジに取り組めるわけです。

一方でハリウッドは興行後でしか採算計算ができないので、新しいチャレンジに取り組みにくくなっています。データをもとにマーケティングを行えるかどうかで、大きな差が付いてきているんです。

このマーケティングに基づくポートフォリオは、まさに商品と顧客を組み合わせたポートフォリオです。企業はこのポートフォリオの組み替えを行うことで時代に対応しています。

例えば米国のコングロマリット企業であるGE（ゼネラル・エレクトリック）社は、金融中心から、エネルギー・ヘルスケアへポートフォリオを組み替えています。

日本企業はなかなかポートフォリオを大きく組み替えるM＆Aができていませんが、これからは、自社のポートフォリオをマーケティング思考の経営で見直していくことが必須です。

要は、「人時生産性」指標ではなく、「顧客1人あたりの売上高」を重視していくことが大事なのです。

こうした経営におけるマーケティング思考が持てない企業は生き延びていけないほど、マーケティングは重要になっていると思います。

COLUMN スケジュール管理のノウハウ

「行動予定」を守るには、常に路線検索で「5分前到着」としておこう。そうすれば実質的には7〜8分前に駅に着く電車を案内してくれ、身だしなみを直す程度の時間が取れる。

「自分の業務のToDo管理」なら、「中間目標を作ること」が大事だ。1つのタスクに対して、チェックポイントを3つ以上作っておこう。いくつもの仕事を抱えていると、全てを一気にはできないことが多い。だからこそ中間のチェックポイントを設け、忘れず頑張れるようにしておくのだ。

「人にお願いする仕事」なら、「進捗を確認する日を作ること」を忘れずに。期限ぎりぎりに確認するのではなく、途中途中での声掛けが大事だ。あんまり頻度が高くてもうるさいので、週に1〜2回くらいが目安だろう。

「複数人が関わるプロジェクト管理」では、3つのポイントを守ってほしい。まずは「①マルチタスクを確認すること」。大体の人は、いくつかのタスクを同時進行している。よって、個々人がどれだけ仕事を抱えているかを確認しておこう。次に「②合流バッファを意識すること」だ。Aさんの仕事が終わって、はじめてBさんの仕事が始められるケースも多い。こうした仕事の「合流ポイント」を把握し、その数だけバッファを作っておけば、全体の進捗が遅れにくくなる。最後に「③“何%終わりましたか?”ではなく“あと何日かかりますか?”と聞くこと」だ。最後の10%が難しく、なかなか終わらないのが仕事というものだ。だからこそ「あと何日かかりそうか」を聞くのが、スムーズな進捗管理につながるのだ。

CHAPTER

6

マーケティングの未来

ここまでマーケティングの考え方、実践方法、ビジネスにおけるポイントを伝えてきた。この章では、「これからのマーケティングの形」を新たな取り組みから提言しよう。

No. 01

［マーケティングの未来予想図］

さらなるオムニチャネル化と買い物体験の進化

進化する顧客の買い物体験

Introductionでネットとリアルの融合、すなわち「オムニチャネル」について紹介したが、今後はますますオムニチャネル化が進み、かつ、さらに進化していくことが予想される。

オムニチャネルの基本は、次のようなものだ。

◯商品データベース・顧客データベース・購買履歴データベースがそろっている

◯顧客が様々な情報チャネル（CM、Web、チラシ、カタログ、実店舗など）と購買チャネル（実店舗やPC、スマホ、タブレット、コールセンターなど）を自由に選んで使うことができる

◯チャネルと顧客の情報（属性や行動履歴など）が連携し、顧客に適切なリコメンドができる

購買チャネルは在庫情報と連携し、「すぐに出荷できる」「◯月◯日の◯時ごろに出荷できる」というように、顧客により正確な情報を提供できる。そしてそのステータスは、時間が経つにつれてどんどん正確なものに変わっていくはずだ。

また、個人のネットアクセスデバイスはどんどん進化しており、スマートフォン、タブレットだけでなく、スマートウォッチのように、より小型なウェアラブル（装着型）デバイスも登場してきた。

顧客は、その情報を様々なデバイスのマイページで確認しながら、受け取りを自宅にするか、職場にするか、店舗でのピックアップにするかを臨機応変に選べるようになるだろう（図1）。

図1 進化する顧客の買い物体験

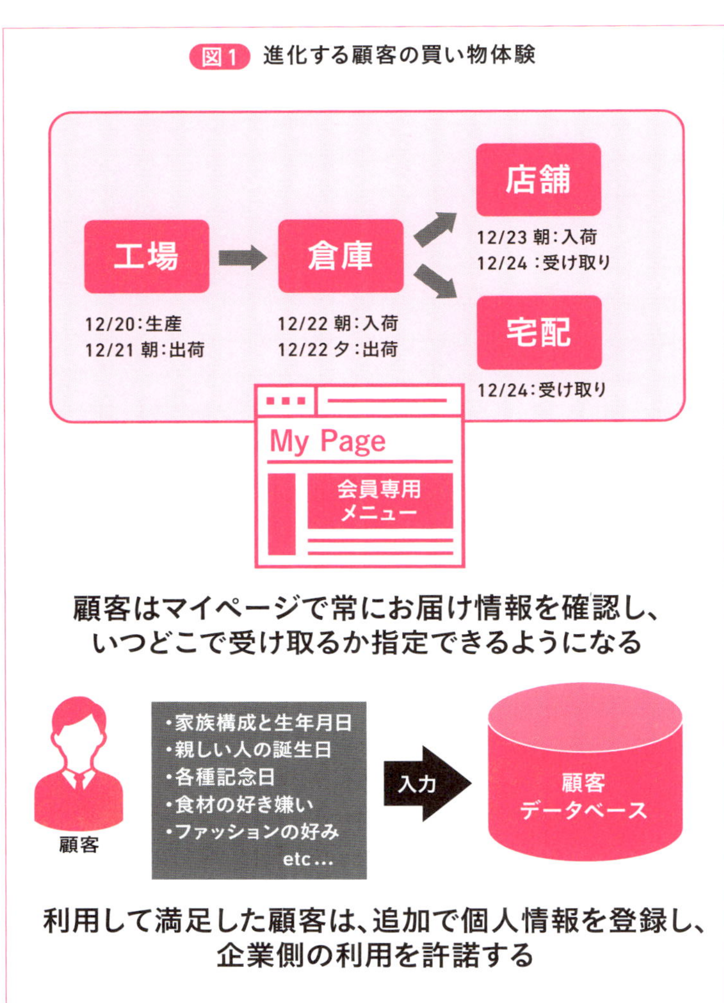

こうして顧客と企業が密接につながりを持ち始めると、顧客の提供情報も増えてくる。

購買履歴や来店履歴などもそうだが、家族構成や結婚記念日、親しい人の誕生日など、様々な付加情報を企業に提供してくれるようになるはずだ。顧客にとってみれば、追加情報を登録すれば、イベントの前に役立つ情報を送ってくれたり、記念日のリマインドをしてくれたりなど、得になることが多いからだ。もちろん企業にとっても、「**顧客が本当に求めるタイミングでアプローチするチャンスが増える**」ということになる。こうして、企業と顧客がWIN-WINの関係を築くことが、未来のマーケティングのあるべき姿なのだ。

デジタルデータの緻密な管理・把握が必須!

ネットでの購入が容易になると、実店舗は今以上にショールーム化し、在庫陳列は減るかもしれない。レジや商品補充、棚卸しの作業は減り、店員の最も重要な仕事は、AI（人工知能）で解析されたお勧め情報をタブレットで示しながら1to1で顧客と会話し、ライフイベントや好みに合った商品の色、配送スケジュールを確認することになるかもしれない。

そうなると、企業、店舗は、チャネルをまたがった顧客情報・商品（在庫）情報・販売情報を今まで以上にきちんと管理・把握することが求められる（図2）。そのうえで、「顧客に合ったお勧め情報」を、「顧客が求めるタイミング」で、「求めるチャネル」に届けるわけだ。もちろん顧客とのやり取りの中で、「お勧めの中身」もより顧客に合ったものにブラッシュアップされていく。

顧客とのやり取りも、店舗やコールセンターだけでなく、自宅からAmazon Echo（P.26）を介したり、あるいは外出先でアプリからAIチャットを経由したりなど、多様化していくことだろう。そして、蓄積された様々なデジタルデータが顧客の許諾のもとにマーケティングに活用され、顧客はより良い提案を受けることができるようになる。

その暁には、顧客の買い物体験はますます楽しくなるだろうし、企業もそんな「**満足度の高い買い物体験**」を顧客とともに作り上げていくようになる。こうした未来は、もうすぐそこまで迫っているのだ。

図2 情報チャネル→購買チャネル→データベース

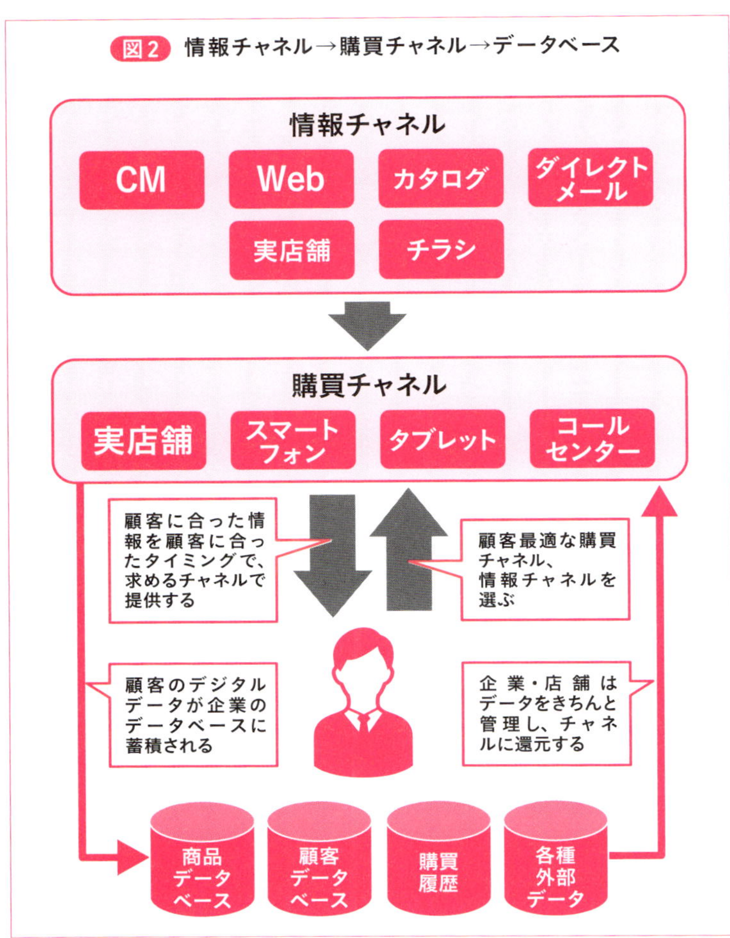

CHAPTER 6

No. 02

［マーケティングの未来予想図］

ショッピングモール、ネットモールの進化

ショッピングモールの風景が変わる？

集客に優れた総合施設として人気を集めるショッピングモールは、どのように変わっていくのだろうか？

筆者は次のように進化すると考えている。

まず、ショッピングモールを歩きながらスマートフォンをかざすと、その人に合ったお勧め情報がAR（拡張現実）として、視界の中に次々に表示されるようになるだろう（図3）。このお勧め情報は、ポイントカードに紐付けられた過去の購買情報や、モール内の行動履歴をGPSで拾ったものなどから生成される。

こうした**「店舗とARの組み合わせ」は、非常に相性がよい**。昔から店舗やモールでは、平日・休日、昼間・夕方といった顧客の変化に合わせて、棚やお勧め情報の表示を変更したいと考えていた。しかし手間も時間もかかるため、せいぜい販売ワゴンを1台替える程度が精いっぱいだったのだ。

しかし、ARとデバイスを組み合わせれば、様相は一変する。**顧客の好みやニーズに合わせた情報がAIで解析され、次々と提示できるようになる**からだ。店舗の側でも、顧客の情報と連動して、お勧め商品や割引クーポンを提示でき、接客に活用することができる。

では、こうした実店舗のショッピングモールが、そのままネットモール化していったらどうなるのだろうか。

恐らく自宅にいたまま、VR（仮想現実）の中でウィンドーショッピングができるようになるのではないだろうか。

図3 実風景＋ARでモールが便利に！

ショッピングモールにスマホをかざすと、
自分だけの情報が見える！
（実風景＋AR）

例えば、自宅にいながらに、母娘で、友人同士で、あるいは1人で、ショッピングモールにいるかのような買い物体験ができるわけだ。店舗は実際の映像を組み合わせ、商品は棚割情報と連動する。在庫も店舗・倉庫在庫がつながり、自宅に送ってもらうことも、店舗に取りに行くこともできるようになるだろう。

一方で、**現在のネットモールは、実店舗との連携がより深まる**ことが予想される。例えばネット専業だった店舗が、ショッピングモールショールーム型の店舗を出店する（ショッピングモールや地元商店街であれば、簡単な居抜き店舗も出店しやすいだろう）。

そして、それぞれの店舗がSNSを活用しながら、商品・サービス情報や販促情報を発信するわけだ（図4）。もちろんすでに会員としてつながっている顧客には、顧客ごとの情報がきちんと表示される。つまり顧客の側から見れば、**ネットモールでも実際のショッピングモールでも同じ店舗があり、シームレスに利用できる**ということだ。

これにより、「この商品は実際に手に取って見てみたい」「今日はネットで注文して簡単に済ませたい」「今日はゆっくりショッピングを楽しみたい」、そうした日々の顧客ごとのライフスタイルにおける様々な買い物ニーズを満たすことができるようになるわけだ。

このような未来が実現したら、ショッピングモールの利便性はさらに高まり、顧客が使う頻度はますます高まるだろう。

モールは強力なアプローチツール！

もともとたくさんの商品と専門販売員が集まるモール。ネットもリアルもつながり、その商品（在庫）情報・販売情報と専門販売員の接客がどこにいても受けられるならば、**これほど強固なマーケティングアプローチはない**。デジタルもアナログも活用しながら、たくさんのつながりを深めることが、モールにおけるマーケティングの進化だと筆者は考えている。

図4 ネットとリアルのモールをシームレスに活用！

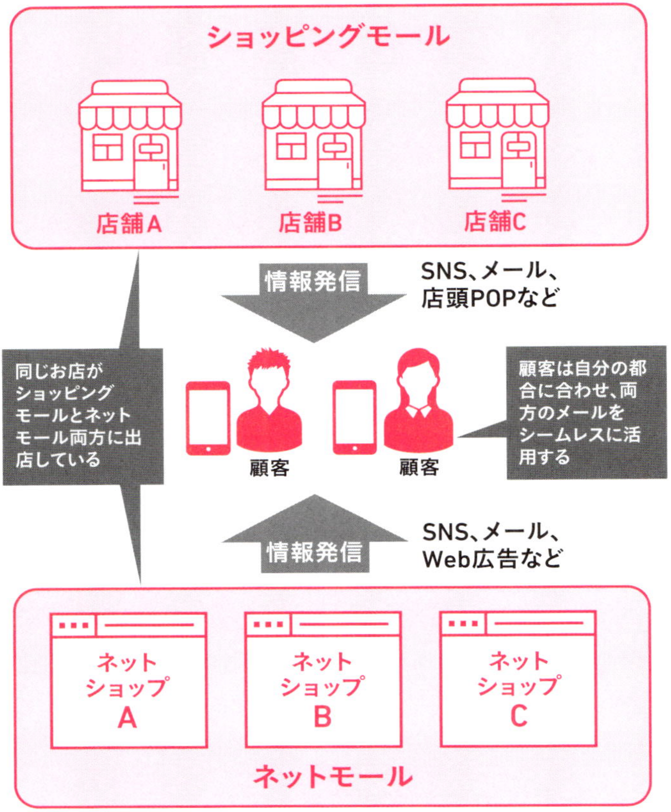

店舗とネットショップが情報を共有して顧客に合わせた情報発信を行う！

No. 03

［マーケティングの未来予想図］

個人の発信と広告代理店の進化

個人の発信情報がますますリッチに

これまで触れてきたように、今は個人と個人、個人と企業がダイレクトに、かつ即時につながるようになってきた。

また、誰もがスマートフォンを持ち、ブログやSNSを活用するようになり、これまで「情報を検索・収集する側」だった個人が、積極的に情報を発信するようになっている。

その発信内容もリッチになり、テキストや画像だけではなく、動画も当たり前に活用されている。これからますますスマートフォンなどの性能が良くなり、高性能なアプリが登場すると、**動画編集はもっと簡単になり、個人からの動画発信が増えていく**だろう。

特に、個人が本当に好きなテーマやジャンルにおいては、関連する商品・サービスの評価を、より豊かな動画コンテンツで発信するようになるのではないだろうか。個人が発信する**ライフスタイルに密着した体験情報**は、企業の発信情報よりもはるかに説得力を持ち、マーケティングの効果もはかり知れないものになるだろう。

広告代理店の役割はどう変わる？

では、これまでマーケティングの中心を担っていた広告代理店は、どう変わるだろう？

マス媒体が中心の時代は、テレビのCM枠などの「枠売り」と、「クリエイティブ」と呼ばれる映像などの制作活動を、広告代理店が担ってきた。マーケティング提案と結果分析もシンプルで、商品が売れ続ける時代背景もあり、効果もわかりやすかった。

ところが時代はネットにシフトし、広告媒体となるメディアは「マス媒体」だけではなくなった。ネット関連媒体がどんどん増え、広告出向先の選択肢も幅広くなった。

ネットマーケティングが主戦場になるにつれ、広告代理店が管理できる領域は、媒体全体においてはシェアが低下している（図5）。

図5 広告代理店が管理できる範囲は縮小傾向

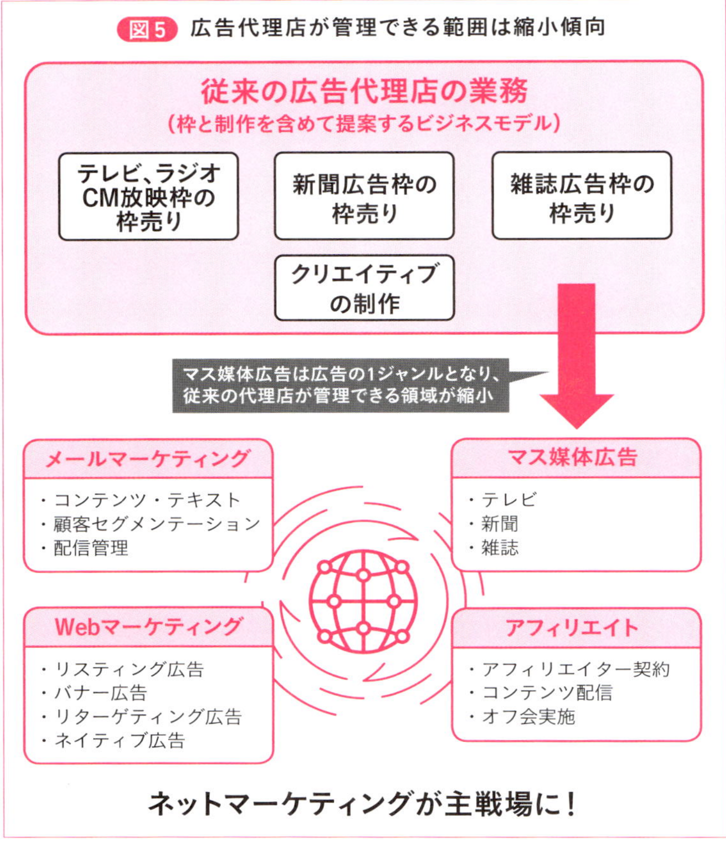

こうした背景もあり、ネット媒体で、かつ個別の領域で強みを発揮するネットマーケティング企業が増えてきたのだ。

これからのマーケティングは、**ますます個人とのつながりとネット・個人デバイス（今はスマートフォン）が重要になる**。

また、すでに海外では、「クリエイティブ制作企業」「個人情報の収集・分析を行うアプリ企業」「そうした第三者データを取りまとめて提供する企業」「ネットメディアやSNSの媒体企業」というように、役割分担が進んでいる。広告代理店は、そうした企業の中から最適な組み合わせを考え、クライアントに提案し、束ねる役割に変わってきた（もともと海外は代理店の意思が強いこともあるだろう）。

日本においても、インフルエンサーやアンバサダー、アフィリエイターなど、個人と企業が契約し、個人が情報発信するモデルはすでに出来上がっている。こうした「職業的個人」に限らず、幅広い個人の情報発信とマーケティング関連企業を結び付け、**クライアント企業のマーケティング活動を支援する広告代理店**が、今後出てくるのではないだろうか（図6）。

そうした代理店は、施策やイベント提案、データの分析・検証や改善提案など、ネットからリアルまで、企業から個人まで、幅広い領域のデータを情報として整理し、「見える化」し、改善提案を継続的に行うことが主業務になるはずだ。

広告代理店も変革期を迎えている

マーケティングが進化する中で、広告代理店も変革期を迎えているが、それは新たな成長の機会であり、時代に合わせたビジネスへ転身するチャンスでもある。「人のつながりを活かした（複数企業にまたがる）マーケティングチームの構築力」「分析・改善などのプラットフォーム構築を行うIT投資」が加速したら、ここで紹介したような「未来の広告代理店」が誕生するのだと想像している。

図6 広告代理店の新たな価値提案スタイル

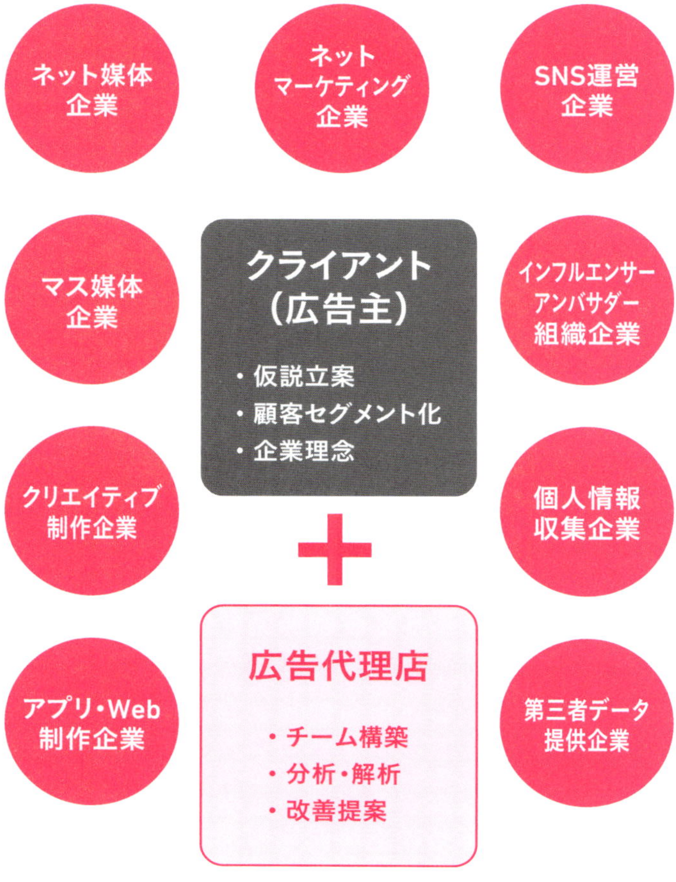

クライアント（広告主）を中心に
広告代理店がチームを構築し、
企画運営を支援する！

CHAPTER 6

No. 04

［マーケティングの未来予想図］

ITの進化とマーケティングの進化

マーケティングが飛躍的に進化している背景として欠かせない「ITの進化」についても触れておこう。

マーケティング施策を細かく実施し、結果分析を行うためには、膨大な作業が必要だった。アプローチする顧客リストやそれぞれの購買履歴などをチェックしたり、絞り込みをかけたりするのも、数十件から数百件程度ならEXCEL上で人の目で確認できるかもしれないが、数千、数万となるともう無理だ。さらに、地域や趣味嗜好など、複数の軸を掛け合わせれば掛け合わせるほど、作業は倍増していき、人の作業では不可能になる。

それを解決したのがITの進化だ。それも、「**機能・技術の進化**」「**それに伴うコスト低減**」という2つの利点があったことが大きい。

大量データの保持と処理が容易に！

2010年ごろまでは、大量のデータを貯めたり分析したりするサーバは、自社や、自社が契約するデータセンターで保有するのが一般的だった。当然、サーバ購入費、データセンターの契約費、メンテナンス費、専用回線費など、データをたくさん持てば持つほど費用も高額になっていった。

しかし、クラウドの時代を迎え、サーバは「所有するもの」から「借りるもの」になった（図7）。それも、1台単位ではなく「容量単位」で、必要とする容量だけを契約して利用することが可能になったのだ。昔に比べて**サーバの維持費が下がり、企業は大量のデータを安価に保持できる**ようになっている。この流れは、今後ますます加速することだろう。

さらに、コンピュータのCPU（中央処理装置）の能力も進化し、膨大なデータを高速に処理できるようになった。これに回線の高速化が加わり、膨大な量のマーケティングデータの保持と処理が可能になっているのである。

図7 大量データの保持・処理が容易になった！

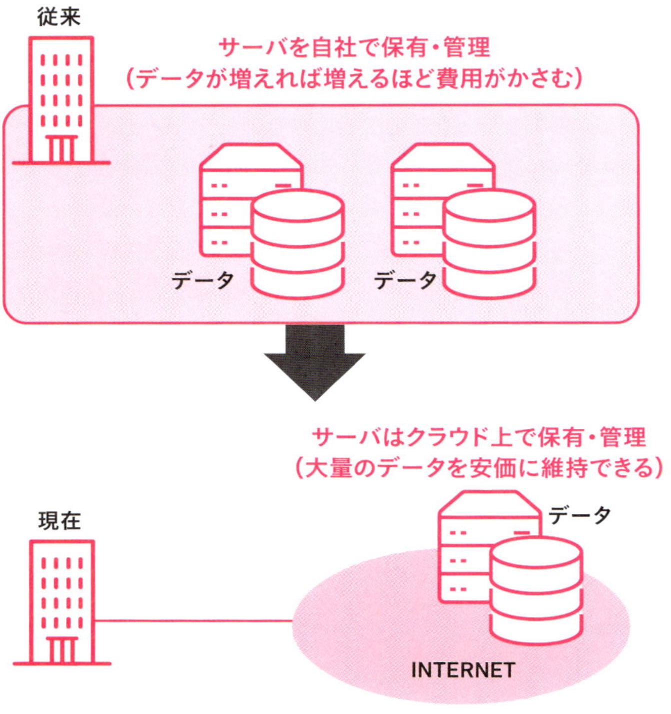

従来

サーバを自社で保有・管理
（データが増えれば増えるほど費用がかさむ）

データ　データ

サーバはクラウド上で保有・管理
（大量のデータを安価に維持できる）

現在

データ

INTERNET

ハードウェアも進化し、大量のマーケティングデータを高速に処理することが可能に！

CHAPTER 6

データの活用がどんどん便利に！

マーケティングの仮説を立てる際に必要なデータも、今では大量のデータの中から簡単に抽出し、「見える化」することができる。キャンペーンなどで大量の情報発信を行う場合も、顧客とのエンゲージメントの深さによって、最適な顧客に最適な情報量で、最適なタイミングで繰り返し送ることができるようになった。

結果として、顧客に送るデータの総量を減らしても、「必要な顧客にはきちんと情報を届けられる」という効率的な手法が実現できるようになったのだ。

さらに、情報を送ったあとの顧客の行動もデータ化され、ネット・実店舗含め、しっかり追いかけることができ、その膨大なデータを簡単に整理・分析できるようになっている。

つまり、**マーケティングに必要なデータがどんどん増えて、そのデータの整理や処理もどんどん高速に、かつ効率的に行える**ようになっているのである。

顧客が持つデバイス（スマートフォンやタブレット）の進化も見逃せない。処理能力が高まっていることはもちろん、ユーザーインターフェースも進化し、どんどん使いやすくなっている。音声認識なども精度が上がり、デジタルツールが苦手な人であっても、簡単に使いこなせるようになっているのだ。さらに、GPS機能などが進化し、店舗側は顧客の「来店」を認知できるようになったことも大きい。今後は、ロボット接客もデータ収集インターフェースの1つになるだろう。

こうしてネットの行動履歴と、実際の行動履歴をつなげて「見える化」することがどんどん容易になっていくのである。

ITの進化＝マーケティングの進化

このITの各種機能の進化とコストの低減、クラウドサーバ化、回線の高速化、デバイスの進化は、マーケティングに大きなメリットをもたらし、マーケティングのデジタル化を成し遂げる原動力となった。

今後は、これら全ての要素がますます進化していくことだろう。顧客から得られる情報、顧客に提供できる情報はより豊かになり、マーケティングに関わる人たちは、顧客にとってより役立つアプローチができるようになるのである（図8）。

図8 ITが進化すれば、マーケティングも進化する！

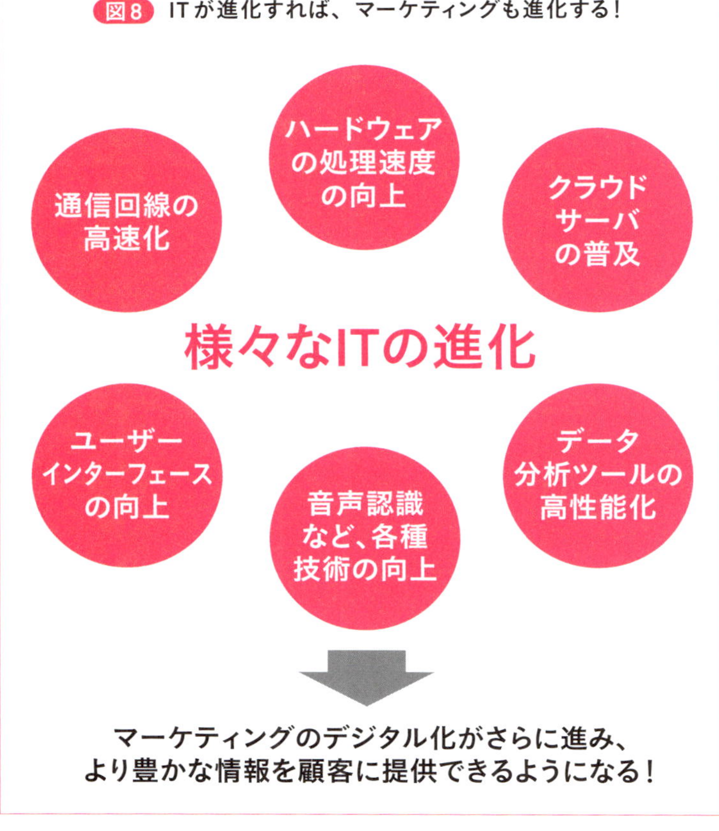

CHAPTER 6

No. 05

［マーケティングの未来予想図］

高まり続けるコンテンツの重要性

同じ商品にも複数コンテンツが必要

これまで本書ではあまり取り上げてこなかったが、最後にマーケティングにおける「コンテンツ」の重要性についても触れておこう。どれだけ店舗とネットが近づいて便利になっても、ITが進化して使いやすくなっても、肝心の「伝える中身」、すなわち**コンテンツが良くなければ、全てのマーケティング施策は失敗に終わる**。

マス媒体の時代は、「1つのメッセージ」でより多くの人に知ってもらい、買いたいと思ってもらえるコンテンツが重要だった。P.13で触れたCMのキャッチコピーは、年齢・性別に関係なく、同時代の人たちにとっては共通の話題となったものだ。

しかし今は、同じ商品・サービスの情報を伝えるにしても、**顧客の利用シーンやニーズに合わせて伝えるメッセージを変えていかなくてはならない**（図9）。

実際、1つの商品・サービスのアピールする際に、複数のコンテンツを制作し、マーケティングを行うケースも増えてきた。特にネットでは、顧客に合わせて情報配信できるので、そうした複数コンテンツが当たり前になってきている。

コンテンツの打ち出し方は様々

きめ細やかな顧客とのつながりが必要となるにつれ、コンテンツそのものの「**打ち出し方**」も非常に大切になってきている。テキスト、画像、音楽、動画を上手に組み合わせたり、掲載するメディア媒体に合わせてテイストを変えたり、あえて宣伝色を排して「面白さ」を追及したり、連続性のある「シリーズ」としてのコンテンツを作って反応を見たりなど、やり方は様々だ。

図9 顧客に合わせたメッセージが必要！

従来

いつかはクラウン（トヨタ）

「車を買い替え、最後には最高ランクの車種へ」という車保有者への共通メッセージ

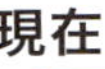

現在

ミニバン	ワンボックス
・家族全員で乗れる！ ・夫婦でサーフボードを積んで海に行ける！	・工事業務用に最適！ ・少年野球チームで乗れる！

軽自動車	セダン
・地方のセカンドカーに最適！ ・女性のはじめてならコレ！ ・都心部に住むなら軽！	・シニア世代にお勧め！ ・都心部の立体駐車場にも入る！ ・ビジネス用途に最適！

車種別はもちろん、同じ車種でも顧客のライフスタイルに合わせてメッセージを変えなければならない！

感覚ではなく数値でコンテンツを評価する

現在のコンテンツ評価の特徴は、マス媒体の時代とは違い、あらゆる反応がデータで「見える化」されていることだ（図10）。

今は、そのコンテンツを見ている時間（滞在時間）、回数、そこから商品の購買ページへどれだけの人が行ってくれたか（コンバージョン）、コンテンツ内のどのリンクが多く使われているかなど、全ての情報を数値化してチェックできる。また、これらのネット上のデータを整理したうえで、その顧客が来店につながったか、購買までつながったか、さらには購買に至るまでの所要時間はどのくらいだったかまで、**コンテンツの効果検証をより正確に行えるようになっているのだ。**「感覚的なクリエイティブの良さ」という、漠然とした指標でコンテンツを評価していた時代とは違うのである。

今のマーケティングは、コンテンツそのものを複数出し分けて効果を見たり（ABテスト）、購買の流れをしっかりチェックし、顧客から支持されるクリエイティブやコンテンツとは何かを検証し続けたりなど、「見える化」した結果を上手に活用することが求められている。もちろん、短期的な視点だけではなく、**継続的に顧客の支持を得られるコンテンツとは何か、という長期的な視点**も忘れてはいけない。

現代のマーケティングの本質は、「**知ってもらい、買ってもらい、継続的に使ってもらい、評価を発信してもらうこと**」だ。企業が「売上・利益・継続的な客数」を伸ばし続けるためには、一瞬の話題性でも、ただ目立つことでもなく、商品・サービスの改善・進化と合わせて、コンテンツも改善・進化し続けることが求められていく。マーケティング思考を持って、「コンテンツ自体の素晴らしさ」と「顧客の評価」を合わせて判断しなければならないのだ。

全てが「見える化」される今だからこそ、**コンテンツの重要性はますます増していく**のである。

図10 昔と今のコンテンツ評価の違い

従来のコンテンツ評価

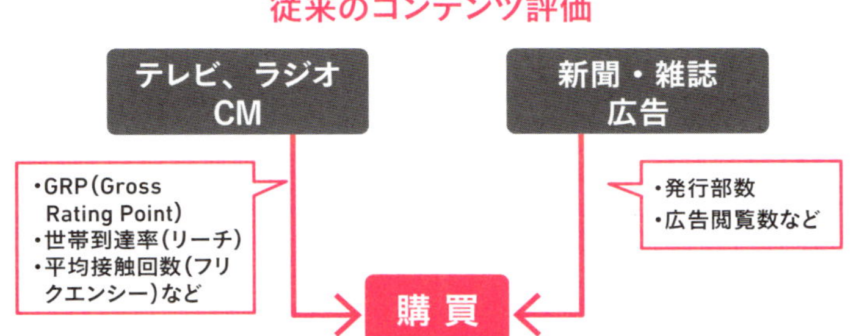

個人での広告閲覧は「購買へのつながり」が見えにくく、各指標の「総量」で効果を測定していた

現在のコンテンツ評価

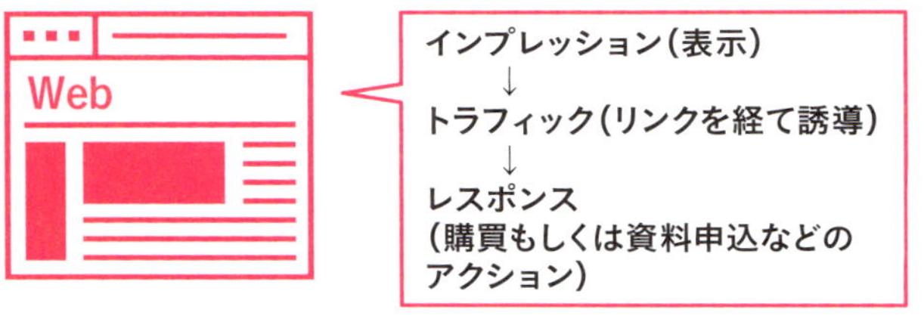

Web
インプレッション(表示)
↓
トラフィック(リンクを経て誘導)
↓
レスポンス
(購買もしくは資料申込などのアクション)

明確なテスト方法・改善方法

AB テストによる広告の出し分けで効果測定

サイト内での行動を逐次測定・改善

膨大な分析作業がIT化され、個人での広告閲覧から「購買へのつながり」を明確に「見える化」できる!

>>マーケターインタビュー⑥

濱野幸介
（プリズマティクス）

マーケティングとデータ

[Profile]

>濱野幸介（はまの・こうすけ）

2000年、アクセンチュア株式会社入社。主に小売・流通業のIT戦略策定、業務改革、基幹・CRMシステム導入等のプロジェクトに従事。2009年、株式会社リヴァンプに入社後、小売・流通業の基幹刷新・マーケティングシステム導入を推進。2013年、同社CTOに就任、「MUJI passport」の企画・開発・運営を担当。2015年より株式会社良品計画にてテクノロジーアドバイザーとしてマーケティング活動全般を技術面より支援。2016年、ECとCRMのAPIプラットフォーム「prismatix」を提供するプリズマティクス株式会社をクラスメソッド株式会社とともに設立。

prismatix

○「やりたいこと」に対する想いが大切

僕自身にとって「データ」とは、自分もしくは会社の「やりたいこと」を証明するものですね。何かを始める前の仮説を考えるときにも必要だし、始めたあとの進捗確認にも必要。最後には結果検証や施策改善にも必要ですしね。

ただ最初にあるのは、やはり「こういうことがやりたい！」という強い想いです。そのあとで、あくまでもそれを後付けで証明するものとしてデータがある、という感じですね。

「やりたいこと」って大事です。企業理念は企業、あるいは創業者・経営者の「やりたいこと」だし、その理念に共感した個人の「やりたいことだって」ある。極論だけど、「やりたいこと」がなければ、企業や組織なんて解散しちゃえばいいとさえ思います。「やりたい気持ち」がないのに、組織だけあったって意味がないですからね。

例えば「大航海時代」なんてわかりやすいです。香辛料を始めとする貿易で儲けようと思った人が、乗組員や出資者を集める。そして、船に乗って海に出て、運よく事故もなく、貿易品を仕入れて帰港できたら、全員で利益を山分けして解散！とてもわかりやすいですよね。現代企業は、創業者が亡くなったあとも、事業承継や経営陣の入れ替えとかで継続してますけど、本来の「やりたい」という想いがなくなったら、関係者みんなで利益を山分けして、「やりたい人」で再度創業するのは1つの方法なんじゃないかと思ったりします。

◯データの量がどんどん増えている

マーケティングにおけるデータは、近年どんどん増えてきて、それこそ何でも取れるようになってきました。特にアプリの中の行動データや、スマホの各種センサーデータがパーミッションを取れていて全部見えたら、その人の行動の全てがわかります。もちろん、今までも小売のPOS（販売）データをメーカーは利用していましたが、それだけでは「購買時」の「点」のデータに過ぎません。大事なのは、「購買前後」に人はどんな動きをしているのか、です。

以前は「センイチ」、つまりチラシを見て行動を起こす人は「1000人に1人」と言われてました。それも現場の感覚的なものが強く、事実はわからない場合も多かった。ところが2000年あたりからネット上の購買行動が見える化され始めて、2005年あたりからは検索履歴、購買履歴、ソーシャルでの発信がつながってきました。2010年ごろからはスマートフォンが普及して、その動きはますます加速しています。

○技術の進化とともに人間の役割も変わる

僕がテクノロジーアドバイザーを務めた「良品計画」では、IDを店頭提示するスマートフォンアプリを展開しました。もちろん、同時に紙のチラシにバーコードを印刷して配布することもできたけど、やりませんでした。今どこに注力すべきかといえば、スマートフォンとアプリだからです。

これからますますデバイスは進化して、眼鏡、コンタクトレンズ、ウェアラブル機器など、あちこちでデータが取れるようになるはずです。またAR・VR技術により、現実世界にネット上の情報が重ね合わされ、さらにデータが取れるようになるでしょう。そうすると、その人がリアルタイムに見ているもの、聞いている音さえわかるようになります。音声認識では、電話の声も内容もトラッキングできるようになります。そして、そこに最初に回答するのはAIを用いたソフトウェア。人間の役割はその最終フォローになるでしょう。

○データを使って仮説立案と検証を繰り返そう

データは、よく石油にたとえられます。たくさんの油田があって、石油のもととなる原油は埋蔵されているけど、「精製」しないと使えない。これはデータも同じです。データは、仮説を立てたうえで、はじめて生きてきます。「何となく」でやってしまうと、ビジネスの現場のデータ分析結果は再現性が乏しい。だから、現実のデータの分布に対して、仮説はフィットするか、その施策は次回はうまくいくか。グラフなどでわかりやすく示すことが大事です。「100本ノック」のように仮説を立てては検証し、変数の多いビジネスの現場でも役に立つ結果を積み重ねることが大事なんです。

マーケティングにおいては、「データサイエンス力」「ビジネス力」「データエンジニアリング力」という3つのスキルを、チームで養うことが重要です。これはデータサイエンティスト協会が示しているスキルセットです。

その中でも「仮説＝こうなんじゃないか」と思い描き、課題発見・課題定義を行う「ビジネス力」が、最も重要なスキルだと個人的には思っています。いくらデータ分析しても、「施策」に落とさないのなら、それは全く無駄な作業です。多くの資料を作るよりも、A4用紙1枚にまとめて伝えたものが、現場や経営には響いたりするものですからね。

◯データは施策に使ってこそ意味がある！

消費者側がデジタルツールを普通に使う現代では、たくさんの分析対象データがあふれています。そんな中で、「よくわからなくなったとき」こそ、基礎分析をしっかりやるべきです。例えば「現場の都市伝説（現場で何となく慣習的に共有されている仮説）」があったとしたら、それをしっかり検証して、間違いがあれば改める。合っていればより強化する。仮説に基づいて出した帳票にこそ意味があるんです。単なる分析帳票の山はいりません。

マーケティングにおけるデータは、デジタル化の中で、より多くのものを「見える化」してきているけれども、データだけ見ていても何も生まれません。いかに現場の実情に合わせてアクションに落とし込めるかが大事です。そして、きちんと仮説を立て、施策を改善し続ける。そういう思考を持ち合わせてこそ、データが効果を発揮するんです。

COLUMN 企画書の書き方と説明ノウハウ

マーケティングにせよ何にせよ、必ず最初に必要となるのが企画書だ。いきなりPowerPointでリッチな企画書を作ろうとせず、まずはWordで書き起こすことをお勧めする。

では、企画書を作成するノウハウを紹介しておこう。

まず、「①企画タイトル」を仮でもよいので書くこと。「少世帯向け“健康”&“短時間調理”食品企画書（仮）」のように、なるべく具体的に、意識している用語を入れておく。企画書を書いているうちに頭の中が整理されていくものだが、最初の時点で「イメージ」を描いておくことが大事だ。

次に、「②この企画では何を達成したいのか？」を書く。「シニア顧客の健康UP」のような理念的な目的と、「売上・利益・客数・認知度」のように数値化できる目標を明記しておこう。違和感があれば、あとで書き直せばよいだけだ。

また、「③自分のやりたいことは、世の中・自社のターゲットから見てどう思われるか」「競合はその部分にどんな戦略を描いているのか」も、端的な言葉で書いておこう。

「④商品やサービスなどの具体的なソリューション施策」を列記することも大事だ。最初は思い付きで書き出し、あとで整理していく。その際はそれぞれ数値化し、かかるコストと得られるお金を概算で書き入れておくとよいだろう。

施策を実施して目的・目標を達成する際に、「⑤現状のままでは足りないこと」も課題として列記しておく。実際の解決策は一旦置いて、まずは書き出すことが大事だ。

さらに、施策と課題を見て、「⑥検討・準備・実行・改善の大体のスケジュール」を月単位で書き出そう。また、「⑦検討や実行に必要なメンバー」も書き出すとよい（メンバーの実名ではなく、「必要な能力」でもいい）。社内で足りないときは、外部メンバーも含め、全て書き出してみよう。

これらの作業を終えたら、一旦見直して、違和感があるところ、現実的ではないところを修正し、最終的な企画書にまとめていく。そのうえで、同期や部下など、気さくに話せる社内の人に見せて意見を集約し、最終的な企画書を仕上げよう。これで、ある程度完成度の高い企画書ができるはずだ。

●実際に企画を通すには？

企画を審議に通すためには、上司と相談し、別途「説明資料」を準備しておく。この場合、どのような点を質問されそうか、事前にどんな追加資料を用意したらいいのかなどを、上司と一緒に考えよう（多くの上司は経験上、会議を通すノウハウを知っている）。必要なら他部署の担当にも相談しつつ、事前告知（根回し）を行ってもよい。

会議で審議する日が決まったら、関係する部署を回って資料を配布し、事前の指摘事項があれば書き留めておく。また、審議当日は、意見の抜け・漏れがないよう、誰かに議事録をお願いしておくとよい。

これで審議が通ればOKだが、もし再審議となったら、指摘事項に対応した企画書・説明資料をまとめる。一度審議に出したことは関係者も知っているはずなので、彼らに事前に相談し、支援の発言をお願いしておこう。ここまでやれば、大抵の企画は通るはずだ。あとは、あなたの熱意次第である。

おわりに
～誰もがマーケティング思考を求められる時代に～

本を書いておいて何だが、私自身、実は自分を「マーケター」だと思ったことはない。

しかしこれまで手掛けた様々な仕事を振り返ってみると、常に「顧客の立場」に立って考えたときが、一番うまくいったように思う。

また上司や先輩から「経営者の立場で考えろ」と言われてもなかなかできなかったが、創業者や経営者が考えた企業理念を実現することと、財務諸表の売上・利益・客数・商品在庫で考えて結果を出すことを心がけるようになってから、経営者とも同じ思考で話ができるようになったと感じる。

この本を通して伝えたかったのは、マーケティングは難しくないし、誰もが日々考えていることを「見える化」していくだけ、ということだ。

企業の中では、B2C（＝対個人）であれB2B（＝対法人）であれ、必ずお客さまがいるだろう。また、誰もが日々の暮らしの中では、仕事であれ、プライベートであれ、お客さまの立場になっているはずだ。仕事で、プライベートで、「自分がお客さまの立場だったらどうしてほしいか」を考えること、それがそのままマーケティングの思考になる。マーケティングとはそういうことだ。

世の中の変化の中で、道具や手法はどんどん変わっていくだろう。しかしながら、マーケティングの思考は変わらないと思う。これまで触れてきた基本の考え方や流れ、アクションは誰でもできる基本的な業務ばかりだ。

その業務に実際に取り組みながら、常に「顧客視点」と「企業理念」で仮説を立てること、そして「その結果を検証し、改善すること」を意識してほしい。マーケティング思考は、現場から経営者まで、誰もがお客さまと数字を見て行える「共通の思考」なのだから。

そしてこの本を読んで、自分なりのマーケティングのやり方を見つけ出してくれたら、著者として嬉しい限りである。

最後に、この本を出すにあたり、これまで私のマーケティング思考を作り上げてくださった方々の名前を挙げさせていただきたい。

ビジネスパーソンとしての基本、そしてEC・オムニチャネルの基本を教えてくださった鈴木康弘さん。イオン時代に多くのチャレンジをさせてくださった西谷義晴さん、梅本和典さん。カメラのキタムラ時代に多くの議論を交わしながらも、自由闊達に仕事をさせてくださった北村正志さん、浜田宏幸さん。マーケティングの世界でいつも新しい視点を教えてくださる武富正人さん。今まで一緒に働いた仲間たち。インタビューに登場してくれた7人をはじめ、企業・業界、そして年齢の垣根を越えてお付き合いくださる多くの友人たち。いつも仕事大好きな夫・父に愛想を尽かさないでいてくれる妻・美穂と息子・彗太、娘・悠花。そして一緒にこの本を作り上げてくれた石原真道さんに。

最後に、この本を手に取って読んでくださったあなたに。

心からの感謝を込めて、お礼を申し上げます。

2017年12月 逸見光次郎

Bibliography | 参考文献

○マーケティングの歴史

『アメリカ型マーケティングを超えて－戦後の消費動向と商品展開』（アテネ書房）春原豊司（著）

『広告－年表で見る日本経済』（晃洋書房）三家栄治（編）

『マーケティング学説史－日本編』（同文館出版）マーケティング史研究会（編）

『マーケティング学説史－アメリカ編』（同文館出版）マーケティング史研究会（編）

○マーケティングフレームワーク

『競争の戦略』（ダイヤモンド社）マイケル・ポーター（著）／土岐坤、服部照夫、中辻 萬治（訳）

『企業戦略論 競争優位の構築と持続（上）（中）（下）』（ダイヤモンド社）ジェイ・B・バーニー（著）／岡田正大（訳）

『ゼミナールマーケティング入門 第2版』（日本経済新聞出版社）石井淳蔵、栗木契、嶋口充輝、余田拓郎（著）

『ビジネスモデル・ジェネレーション－ビジネスモデル設計書』（翔泳社）アレックス・オスターワルダー、イヴ・ピニュール（著）／小山龍介（訳）

『コトラーのマーケティング3.0－ソーシャル・メディア時代の新法則』（朝日新聞出版）フィリップ・コトラー、ヘルマワン・カルタジャヤ、イワン・セティアワン（著）／恩藏直人（監訳）、藤井清美（訳）

『コトラーのマーケティング4.0－スマートフォン時代の究極法則』（朝日新聞出版）フィリップ・コトラー、ヘルマワン・カルタジャヤ、イワン・セティアワン（著）／恩藏直人（監訳）、藤井清美（訳）

『［実況］マーケティング教室－MBA MARKETING』（PHP研究所）グロービス（著）

『キャズム Ver.2 増補改訂版－新商品をブレイクさせる「超」マーケティング理論』（翔泳社）ジェフリー・ムーア（著）／川又政治（訳）

○全体最適の考え方

『ザ・ゴール－企業の究極の目的とは何か』（ダイヤモンド社）エリヤフ・ゴールドラット（著）／三本木亮（訳）

『ザ・ゴール2－思考プロセス』（ダイヤモンド社）エリヤフ・ゴールドラット（著）／三本木亮（訳）

『チェンジ・ザ・ルール！』（ダイヤモンド社）エリヤフ・ゴールドラット（著）／三本木亮（訳）

『クリティカル・チェーン－なぜ、プロジェクトは予定どおりに進まないのか？』（ダイヤモンド社）エリヤフ・ゴールドラット（著）／三本木亮（訳）

『ザ・チョイス－複雑さに惑わされるな！』（ダイヤモンド社）エリヤフ・ゴールドラット（著）／岸良裕司（監訳）、三本木亮（訳）

『ザ・クリスタルボール－売上げと在庫のジレンマを解決する！』（ダイヤモンド社）エリヤフ・ゴールドラット（著）／岸良裕司（監修）、三本木亮（訳）

『よかれの思い込みが、会社をダメにする－飛躍的成長を実現する全体最適のマネジメント』（ダイヤモンド社）岸良裕司（著）

『エリヤフ・ゴールドラット　何が、会社の目的（ザ・ゴール）を妨げるのか－日本企業が捨ててしまった大事なもの』（ダイヤモンド社）ラミ・ゴールドラット、岸良裕司（監修）／ダイヤモンド社（編）

『トヨタ生産方式－脱規模の経営をめざして』（ダイヤモンド社）大野耐一（著）

○会計の概念

『会社経理入門－経理部長の12カ月新人研修』（日本経済新聞社）金児昭（著）

『幹部のための「会社の経理」に明るくなる本－経理がわかれば会社の姿が見えてくる』（中経出版）金児昭（著）

『人事屋が書いた経理の本－MGから生まれた戦略会計マニュアル』（ソーテック社）協和発酵工業（著）

『人事屋が書いた経理の本 2 戦略会計の基礎（上）（下）』（ソーテック社）西順一郎、藤井義信（著）

『人事屋が書いた経理の本 PART3』（ソーテック社）西順一郎（著）

『図解「財務3表のつながり」でわかる会計の基本』（ダイヤモンド社）國貞克則（著）

○商売の考え方

『鈴木敏文 商売の原点』（講談社）緒方知行（編）

『鈴木敏文 商売の創造』（講談社）緒方知行（編）

『鈴木敏文 語録「自分を変える」「人間の心理をつかむ」』（祥伝社）緒方知行（編）

『セブン-イレブンだけがなぜ勝ち続けるのか？』（日本経済新聞出版社）緒方知行、田口香世（著）

『ノードストロームウェイ－絶対にノーとは言わない百貨店』（日本経済新聞出版社）R・スペクター、P.D.マッカーシー（著）／山中鏆（監訳）、犬飼みずほ（訳）

『顧客満足ってどうやるの？－社内を動かす実践的ノウハウ』（日本経済新聞出版社）佐藤知恭（監修）、CS実践研究会（編）

『近江商人－現代を生き抜くビジネスの指針』（中央公論新社）末永國紀（著）

『成城石井はなぜ安くないのに選ばれるのか？』（あさ出版）上阪徹（著）

『ウェブ進化論－本当の大変化はこれから始まる』（筑摩書房）梅田望夫（著）

『論語に親しむ－生き方の基本、ここにあり』（PHP研究所）今泉正顕（著）

『岡田卓也の十章－イオンの基本』（商業界）岡田卓也（著）

『「雇われ社長」のプロの仕事術－企業再生請負人が実証してきた』（ぱる出版）山田修（著）

『ストーリーとしての競争戦略－優れた戦略の条件 』（東洋経済新報社）楠木建（著）

『マーチャンダイジングがわかる事典－読みこなし・使いこなし・活用自在』（日本実業出版社）三浦一郎、服部吉伸（編著）

『マネジメント－基本と原則』（ダイヤモンド社）P.F.ドラッカー（著）／上田惇生（編訳）

○データブック

『情報メディア白書2017』（ダイヤモンド社）電通総研（編）

『日本国勢図会－日本がわかるデータブック2017/18』（矢野恒太記念会）矢野恒太記念会（編）

『世界国勢図会－日本がわかるデータブック2017/18』（矢野恒太記念会）矢野恒太記念会（編）

Glossary | 用語集

RFM分析
Recency（最新購買日）、Frequency（購買頻度）、Monetary（購買金額）の頭文字を取った分析手法。顧客をスコアリングし優良顧客を判定するのに用いられる。

RLSA
Remarketing Lists for Search Adsの略。検索広告向けリマーケティングの意。従来の検索広告キャンペーン（検索連動型広告）に対し、リマーケティングで活用しているリストを紐づける。

ROI
Return On Investmentの略。投下した資本がどれだけの利益を生んでいるのかを測る際に使われる基本的な指標。企業の収益力や事業における投下資本の運用効率を示す。ROIは大きいほど収益性に優れた投資案件ということになる。

ROAS
Return On Advertising Spendの略。広告の効果を測る指標の1つで、売上を広告費用で割ったもの。かけた広告費に対して何倍の売上を得ることができたかを表すもので、この値が高いほど効果的に広告を出稿できていることになる。

RTB
Real Time Bidding（リアルタイム入札）の略。広告のインプレッションが発生するたびに競争入札を行う仕組みで、プログラマティック広告の代表的な取引形態。

Earned Media
ソーシャルメディアなどの外部メディア。商品を売り込むことが目的なのではなく、そこにいるユーザーからの信頼や知名度を「得る」ことが目的とされる。

IoT
Internet of Things（モノのインターネット）の略。様々なモノがインターネットに接続し、相互に通信を行うこと。

アクエディション
「取得」という意味。新規顧客を開拓したり獲得したりすること。

アクセシビリティ
情報やサービス、ソフトウェアなどの利用しやすさ。特に、高齢者や障害者などハンディを持つ人にとって、どの程度利用しやすいかという意味で使われることが多い。

アクセス解析
Webサイト（ウェブページ）への利用者（ユーザー）の訪問履歴（アクセスログ）を解析すること。

アップセル
「ある商品の購入を検討している顧客」に対して「価格や利益率がワンランク上の製品を提案」することで売上向上を目指すこと。

アドホック
特定の調査目的のために、その時ごとにオーダーメイドで設計、実施される単発調査のこと。

アトリビューション分析
コンバージョン（購入や会員登録など）に至るまでの流入元の履歴データを使い、コンバージョンへの貢献度を分析・評価すること。様々な集客経路に対してユーザーが、どのタイミングで、何回経由したかなどを知る分析方法。

インバウンドマーケティング
広告出稿などに頼るのではなく、消費者自身に「見つけてもらう」ことを目的としたマーケティング施策。見込客に対して有益なコンテンツをネット上で提供することで、検索結果およびソーシャルメディアで発見されやすくする。

インフルエンサー
世間に大きな影響力を持つ人や事物。 特に、インターネットの消費者発信型メディア（CGM）において、他の消費者の購買意思決定に影響を与えるキーパーソンを指す。

インプレッション
Webサイトに掲載される広告の効果を計る指標の一つで、広告の露出（掲載）回数のこと。サイトに訪問者が訪れ、広告が1回表示されることを1インプレッションという。impあるいはimpsと略記されることもある。

Webユーザビリティ

Webサイトの使い勝手のよさのこと。そのページを訪れた利用者（ユーザー）がどれだけ快適に操作できるかを意味しており、ページ内の文章やボタン・画像などの各要素のわかりやすさや大きさ・配置、操作の学習しやすさ・覚えやすさ、ページ間移動の効率のよさ、ページの読み込み時間の短さなどの観点から評価される。WebサイトのWebユーザビリティを向上させると、利用者がそのサイトを再訪問する確率を押し上げるほか、電子商店では商品の購入率を上昇させるなどの効果もあるとされている。

AI

Artificial Intelligence（人工知能）の略。人工的に作られる、知的な振る舞いをするコンピュータ。

ABテスト

複数の案のどれが優れているかを、何度も試行して定量的に決定するテスト手法。複数の案のいずれか1つをランダムに選んで実際の利用者に提示し、その際の効果の有無や高低を記録する。これを何度も繰り返し、最も効果の高かったものを最も優れた案として採用する。

SEM

Search Engine Marketingの略。検索エンジンを広告媒体と捉え、それを通じて自社Webサイトへの訪問者を増やすマーケティング手法。

SEO

Search Engine Optimizationの略。日本語では「検索エンジン最適化」。Googleなどの検索エンジンにおいて、特定のキーワードで検索された際に、検索結果ページで上位に表示されるように工夫すること。

SNS

Social Networking Serviceの略。ユーザーが互いに自分の趣味、好み、友人、社会生活などのことを公開し合い、幅広いコミュニケーションを取り合うことを目的としたコミュニティ型のWebサイトのこと。

エラー率

メールマーケティングにおいて、自社の顧客データベースなどをもとに一斉配信を行った場合、総送信数を分母とし、何らかの事情によって不達となったメールの割合。

LTV

Life Time Value（顧客生涯価値）の略。顧客が取引を開始してから終了するまでの間、その顧客がもたらした損益を累計したもの。顧客シェアを計測する指標として考案された。

LPO

Landing Page Optimizationの略。Webページの中でもユーザーが最初に到達するページ（ランディングページ）を最適化することにより、ユーザーを誘導したいページへ向かわせる。

エンゲージメント

企業や商品、ブランドなどに対して生活者が抱く愛着心や親近感。企業と従業員の相互の深い結びつきを指すこともある。

Owned Media

企業が情報発信に用いる媒体（メディア）のうち、自社で保有し運営・管理している媒体のこと。

オーディエンスターゲティング

オーディエンスデータを用いたターゲティングの手法。オーディエンスデータとは、クッキーに基づいたユーザーの情報を指す。

オプトアウト

離脱する、脱退する、抜け出る、手を引く、断る、などの意味を持つ英語表現。企業が一方的に送ってくる広告などの受け取りを拒否することや、そのために用意された制度や措置などを意味する場合が多い。

オプトイン

加入や参加、許諾、承認などの意思を相手方に明示すること。個人が企業などに対し、メールなどのメッセージの送信や、個人情報の収集や利用などを承諾する手続きなどを指すことが多い。

オムニチャネル

流通・小売業の戦略の一つで、実店舗、通販カタログ、ダイレクトメール、オンライン店舗（ECサイト）、モバイルサイト、SNS、コールセンターなど、複数の販売経路や顧客接点を有機的に連携させ、顧客の利便性を高めたり、多様な購買機会を創出すること。元は流通・小売業から始まったが、メーカーやサービス業などにも広まりつつある。

開封率

配信したメールを、どの程度の割合の顧客が開封したかを示す指標。

カスタマージャーニー

一言でいうと「顧客が購入に至るプロセス」のこと。 特に、顧客がどのように商品やブランドと接点を持って認知し、関心を持ち、購入意欲を喚起されて購買や登録などに至るのかという道筋を旅に例え、顧客の行動や心理を時系列的に可視化したものを「カスタマージャーニーマップ」と呼ぶ。

カンバセーションマーケティング

企業がブログやSNSを通じて、企業とユーザーまたはユーザー同士で商品やサービスについて会話や意見交換を行い、関係性を構築し、企業への信頼感を高め、ブランドロイヤリティを強めていくためのマーケティングのこと。

機械学習

コンピューターが、大量のデータをアルゴリズムに基づいて反復的に学習してパターンを見つけ、新たなデータを自律的に分析し、予測すること。

キュレーション

様々な情報を整理したり、特定のテーマに沿って情報をつなぎ合わせて新しい意味を持たせること。

Google ウェブマスターツール

Google が提供しているWebサイト管理者向けの無料ツール。外部からは気付きにくい自社のWebページの状態を素早く把握することができるため、例えばサイトが正しくクロールされていない、一部のコンテンツで頻繁にエラーが発生している、などの問題が生じた際に、すぐ対応することができる。

Google AdWords

検索エンジンGoogleの検索結果に連動してWeb広告を掲載するサービス。Google社が広告主に対して提供している。

Google Analytics

Googleが提供する、高機能な無料アクセス解析ツール。Webサイトの各ページに「トラッキングコード」と呼ばれるコードを挿入することで、そのページに関する様々なアクセス関連情報を収集できるようになっている。

Google Trends

Web検索において、特定のキーワードの検索回数が時間経過に沿ってどのように変化しているかをグラフで参照できるGoogleサービスの名称である。Google トレンドに任意のキーワードを入力して検索を行うと、そのキーワードが過去にどの程度検索されたのかについて、指数を表す線グラフで参照することができる。

クラスター分析

異なる性質のものが混ざりあっている集団（対象）の中から、互いに似たものを集めて集落（クラスター）を作り、対象を分類する方法。マーケティングリサーチにおいては、ポジショニング確認を目的としたブランドの分類や、イメージワードの分類、生活者のセグメンテーションなどに用いられる。

クリック単価

CPC（Cost Per Clickの略）。1クリック（＝サイトへの1アクセス）を獲得するのにかかるコストのこと。

クローラー

Googleなどのロボット型検索エンジンがWeb上のファイル（HTML文書だけでなく、画像・PDFまで含む全般）を収集するためのプログラムのこと。クローラーによって収集されたデータがインデックス化され、巨大な検索データベースが作成される。

クロスセル

ある商品を購入したり購入しようとしている顧客に対して別の商品をすすめるマーケティング手法。勧める商品は関連性が高かったり同時に購入すると割引になるような商品であることが多い。

KGI

Key Goal Indicatorの略。組織やプロジェクトが達成すべき目標を定量的な指標で表したもの。抽象的な理念や目的のようなものではなく、「いつ、どの指標がどのレベルに到達したら目標達成とみなすのか」を定義したもの。日々の進捗を計る指標としてKPIが併用されることが多い。

KPI

Key Performance Indicatorの略。日本語では「重要経営指標」「重要業績指標」などと訳される。KGIを達成するために取り組むべき、個々の目標数値。

検索連動型広告

インターネット広告の一種で、検索エンジンで一般ユーザーが検索したキーワードに関連した広告を検索結果画面に表示する（テキスト形式）。

コンタクトセンター

企業の中で、顧客対応を行う部署。もともとは電話が中心だったのでコールセンターと呼ばれていたが、ネット化する中でメールやチャットなど、様々な顧客からのアクセスに対応することから、最近ではコンタクトセンターと呼ばれている。

コンテンツマーケティング

見込み客や顧客にとって価値のあるコンテンツを提供し続けることで、興味・関心を惹き、理解してもらい、結果として売上につなげるマーケティング手法のこと。継続的に訪問したくなるコンテンツ戦略で、ブランドロイヤリティを向上させる力がある。ブログ、ポッドキャスト、動画、オンラインセミナー、PDF形式の小冊子、ホワイトペーパーなど、顧客が読みたくなるコンテンツを作成していくことが重要。

コンバージョン

ネット広告の分野では、広告や企業サイトの閲覧者が、会員登録や資料請求、商品購入など企業の望む行動を起こすことをいう。「単なる訪問者から会員や（見込み）顧客への転換」という意味合いがある。

CRM

Customer Relationship Managementの略。主に情報システムを用いて顧客の属性や接触履歴を記録・管理し、それぞれの顧客に応じたきめ細かい対応を行うことで長期的な良好な関係を築き、顧客満足度を向上させる取り組み。また、そのために利用される情報システムのこと。

CTR

Click Through Rateの略。インターネット広告の効果を計る指標の一つ。広告がクリックされた回数を、広告が表示された回数で割ったもの。クリック率と同じ意味。

CTA

Call To Actionの略。日本語では「行動喚起」。Webサイトの訪問者を具体的な行動に誘導すること。もしくは、具体的な行動を喚起する、Webサイト上に設置されたイメージやテキストのこと。

CPA

Cost Per Acquisition / Cost Per Actionの略。広告単価の指標で、顧客獲得（acquisition）1人あたりの支払額。または、何らかの成果（action）1件あたりの支払額。

CPC

Cost Per Clickの略。ネット広告掲載料金の単位の1つで、クリック1回あたりの料金。Webページやメールに掲載したテキスト広告やバナー広告などがクリックされ、顧客サイトに訪問者が訪れるとCPC1回分の料金が発生する。

CVR

Conversion Rateの略。企業Webサイトの訪問者数に対する、そのサイトで商品を購入したり会員登録を行ったりした人の割合。Webサイトの投資対効果を測るうえで重要な指標である。

SIPS

「共感する（Sympathize）」→「確認する（Identify）」→「参加する（Participate）」→「共有 & 拡散する（Share & Spread）」の頭文字をとったもの。企業のコミュニケーション・プランニングなどにおいて、ソーシャルメディアを積極的に利用している生活者を考える上での概念。

ステークホルダー

企業などが活動するうえで何らかの関わりを持つ人物や団体などのこと。直接的には株主や債権者、従業員、取引先、顧客、監督官庁などを指すが、事業内容などによっては地域住民や国民、投資家など広い範囲が対象に含まれる場合もある。

セグメントメール

商品の購入者や会員登録をした人に対し、細かい条件によってセグメントに分類して送信されるメール。

セッション

期間内の合計訪問セッション数。セッションはユーザーがサイト接触している状態を指す。同一人物が別々の日に10回サイトに訪れたら10セッションとなる。

遷移率

複数にわたるWebページの起点から終点までの到達率。どの段階でユーザーに離脱されているのか、ボトルネックを特定する際に利用する。

ソーシャルアド

SNSなどのソーシャルメディアにおいて、ユーザー同士のつながり（ソーシャルグラフ）を情報として取り込んだうえで表示される広告のこと。

ソーシャルメディア

インターネット上で展開される情報メディアのあり方で、個人による情報発信や個人間のコミュニケーション、人の結び付きを利用した情報流通などといった社会的な要素を含んだメディアのこと。利用者の発信した情報や利用者間のつながりによってコンテンツを作り出す要素を持ったWebサイトやネットサービスなどを総称する用語。

ソーシャルグラフ

Web上での人間の相関関係や、そのつながり・結びつき。

ソーシャルリスニング

ソーシャルメディア上で人々が日常的に語っている会話や、自然な行動に関するデータを収集し、業界動向の把握やトレンド予測、自社・ブランド・商品に対する評価・評判の理解や改善に活かすこと。

ダイレクトマーケティング

顧客と個別・直接的な双方向コミュニケーションを行い、相手の反応を測定しながら、ニーズや嗜好に合わせて顧客本位のプロモーションを展開していくマーケティング方法。データベースマーケティング、インターネットマーケティング、CRM（顧客関係管理）、One to Oneマーケティングなど、今日でも重視されるマーケティング手法のベースとなっている。

DM

個々人あるいは法人宛に商品案内やカタログを送付する方法による宣伝（販促）手段、あるいは営業支援の仕組み。

直帰率

1ページしか閲覧されなかったセッション（ユーザーが閲覧を始めたページから他のページに移動することなくサイトを離脱したセッション）の割合。直帰率が高いと訪問者を次ページへうまく誘導できていないことになり、改善対象ページとして扱われる。

DSA

Dynamic Search Adsの略。Google AdWordsの動的検索広告のこと。通常のGoogle検索用に作成されたウェブサイトのインデックスをもとに（都度クロールするわけではない）、Webサイトで提供されている商品と関連性の高い検索を特定し、広告を自動表示する仕組み。

DSP

Demand Side Platformの略。広告主や広告会社が利用する、広告を出すためのプラットフォーム。

DMP

Data Management Platformの略。社内や社外（主にインターネット上）に存在する様々なデータを集約し、マーケティング施策に結びつけるためのプラットフォームのこと。

ディープラーニング

機械学習の一種。深層学習。人間の脳神経回路を真似たニューラルネットワークを何層にも重ねた状態で学習すること。

ディスプレイ広告

Web広告の形式の一種で、Webページの一部として埋め込まれて表示される、画像やFlash、動画などによる広告。画面上部などに表示される横長の画像広告を特に「バナー広告」という。

定性データ

数値化が不可能な文章や画像、音声などの形式を取るデータのこと。定性情報とも呼ぶ。例えば、顧客の生の声などが挙げられる。

定量調査

選択肢回答形式のアンケート調査などで取得したデータを数値化して分析する手法。数値化された情報がもとになるため、全体の構造や傾向が把握しやすい。

データドリブン

効果測定などで得られたデータをもとに、次のアクションを起こしていくこと。

データベースマーケティング

顧客の属性や過去の購買傾向をデータベースに記録して区分し、それぞれの顧客に合ったサービスを提供するマーケティング手法。顧客情報を登録したデータベースの構築と、その分析の2つの段階からなる。

データマイニング

データベースに蓄積されている大量のデータから、統計や決定木などを駆使して、マーケティングに必要な傾向やパターンなどの隠された規則性、関係性、仮説を導き出す手法のこと。

テキストマイニング

定型化されていない文章の集まりを自然言語解析の手法を使って単語やフレーズに分割し、それらの出現頻度や相関関係を分析して有用な情報を抽出すること。

デプスインタビュー

対象者とインタビュアーが相対し、基本的に1対1で対話をする。対象者の感情や本人の自覚をしていない意識まで汲み取り、行動の動機や相手そのものを理解していくことを目的とする。定性調査の一種。

デモグラフィック属性

人口統計学的な特徴を表す情報・データ。例えば、性別、年齢、未既婚、家族構成、世帯収入、個人収入、職業など。

動的検索広告

リスティング広告のようにキーワードを登録するのではなく、広告主のウェブサイトを設定するだけでAdwordsのシステムがWebサイトを分析し、広告配信すべきキーワード、ランディングページ、広告見出しを抽出し、自動的に広告配信をする広告のこと。この広告により、キーワードとウェブサイトの抜け漏れを防ぎ、広告主の機会損失を防ぐことが可能となる。

TrueView

Googleが運営するYouTube内で展開される動画広告のフォーマットの名称。

トラッキング

アクセス解析をするためサイトへの訪問者の情報を取得するために各ページに埋め込んでおくコード。Google Analyticsのトラッキングコードの場合は、訪問者がどこから来たのか、どのような検索キーワードを使ったのか、どのようなOSやブラウザを使っているのかという情報に加え、サイト内でどのページからどのページに移動し、最終的にどのページから出たのかまでが追跡できるようになっている。

トランザクション

ECサイトにおける商品購入回数。eコマース設定とeコマースタグが実装されていることが前提。ECサイトだけでなく、複数のアイテムを保有するサイト（求人サイト、不動産サイトなど）の同一セッション内で何度も購入をしても全てのデータを記録するため、コンバージョンよりも正確な商品購入数を計測できる。なお、同一セッション内で何度も購入しても1回のコンバージョンとして計測される。

トリプルメディア

3つのマーケティングチャネルを整理したフレーム。3つのメディアとは、オウンドメディア(owned media)、アーンドメディア（earned media)、ペイドメディア（paid media）のこと。

ネイティブアド

ユーザーがいつも使っているメディアもしくはサービスの中で、自然になじむデザインや、機能で表示されるペイドメディアの一種。

バイラル（・マーケティング）

クチコミを利用し、低コストで顧客の獲得を図るマーケティング手法。情報の広まり方がウイルスの感染に似ていることから、「ウイルス性の」という意味の「バイラル」の名を冠している。

バックエンド

ユーザーや他のシステムから見えないところでデータの処理や保存などを行う要素のこと。エンジニアやデベロッパーと呼ばれる人の活躍の場。Perl、PHP、Ruby、Java、Pythonなどのプログラミング言語が用いられる。データベースの管理システムなどがこれにあたる。逆にユーザーなどと直接やり取りをする要素のことを「フロントエンド」と呼ぶ。

ハッシュタグ

#記号と、半角英数字で構成される文字列のことをTwitter上ではハッシュタグと呼ぶ。発言内に「#○○」と入れて投稿すると、その記号付きの発言が検索画面などで一覧できるようになり、同じイベントの参加者や、同じ経験、同じ興味を持つ人の様々な意見が閲覧しやすくなる。

バナー

もともとは垂れ幕を意味し、Webサイト上に表示される広告画像のこと。駆け出しWebデザイナーはこのバナー画像制作の仕事を任せられることが多いらしい。バナーのサイズは様々で、Google Adsenseの推奨するサイズに合わせるのが一般的。

PLA

Product Listing Adsの略。商品リスト広告のこと。商品の画像、名称、価格、企業名などの商品情報をGoogle の検索結果に掲載できる広告。

BtoC

Business to Consumer／Customerの略。企業と個人（消費者）間の商取引、あるいは、企業が個人向けに行う事業のこと。消費者向け事業が主体の企業のことをBtoC企業ということがある。

BtoB

Business to Businessの略。企業間の商取引、あるいは、企業が企業向けに行う事業のこと。企業向け事業が主体の企業のことをBtoB企業ということがある。

BtoBtoC

Business to Business to Consumerの略。他の企業の消費者向け事業を支援・促進するような事業、あるいは、他の企業から仕入れた商品を消費者に販売する事業を指す。その取引や事業そのものは企業間で行われるが、全体としては顧客企業の消費者向け事業の一部になっているようなものや、企業と消費者の仲立ちとなって取引を仲介・媒介するような事業のことを意味する。

PV

Page Viewの略。最も基本的なアクセス数の指標の一つで、Webページが閲覧された回数を表す。静的な構成のWebサイトではHTMLファイルの送信数にほぼ等しい。

ビッグデータ

通常のソフトウェアでは分析できないほど膨大なデータ。ビッグデータの定義として有名なものに、量（Volume)、発生頻度（Velocity)、多様性（Variety）が揃っているという「3V」がある。

ヒューリスティック評価

ユーザビリティ評価のための手法の1つで、ユーザビリティの専門家が評価対象のサイトを見て、様々な問題点を指摘する手法。

ファーストビュー

Webの分野では、閲覧者がWebページを開いた際に、最初に表示される領域のことを指す。スクロールなどの操作をしなくても見ることができる範囲で、最も重要な内容を配置すべきとされる。

フォーカスグループ

マーケティングリサーチでグループインタビューをする際に集められたグループ。一定の条件を満たすように選別されている。

フォロワー

Twitterをはじめとするソーシャルサービスにおいて、特定のユーザーの更新状況を手軽に把握できる機能設定を利用し、その人の活動を追っている者のこと。

フラッシュマーケティング

Webマーケティング手法の一種で、期間限定で、割引価格などの特典が付いた商品を販売する方式のことである。特に、クーポンを販売する共同購入サービスを指すことが多い。

プラットフォーム

あるソフトウェアやハードウェアを動作させるために必要な、基盤となるハードウェアやOS、ミドルウェアなどのこと。また、それらの組み合わせや設定、環境などの総体を指すこともある。

ブレインストーミング

数名ごとのチーム内で、1つのテーマに対しお互いに意見を出し合うことによってたくさんのアイディアを生産し、問題の解決に結び付ける創造性開発技法のこと。

プレースメントターゲット

Googleの持つディスプレイネットワーク配信網の中の特定のプレースメント（配信先）をURL単位で指定し、広告を配信することができる配信手法のこと。

Paid Media

企業が広告枠を購入して利用するメディアを指す。テレビ・ラジオ・雑誌・新聞の四大メディアによる広告や、スポーツやイベントなどのスポンサー契約により、製品やサービスを不特定多数の消費者へ認知させることが最大の目的となる。Web上では、バナー広告やリスティング広告などがその役割を担っている。

ページ滞在時間

訪問者が該当するページやスクリーンを閲覧した時間。滞在時間が長いと訪問者がページ内のコンテンツによく目を通していたということであり、良いコンテンツとされる。一方、短時間で迷わないように誘導する目的で作られたページについてはその限りではない。

ページビュー数

サイト内にあるページの合計閲覧回数。

ペルソナ

企業が提供する製品・サービスにとって、最も重要で象徴的なユーザーモデル。氏名、年齢、性別、居住地、職業、勤務先、年収、家族構成といった定量的なデータだけではなく、その人の生い立ちから現在までの様子、身体的特徴、性格的特徴、人生のゴール、ライフスタイル、価値観、趣味嗜好、消費行動や情報収集行動などの定性的データを含めて、あたかも実在するかのような人物像を設定する。

ホワイトペーパー

メーカーなどが、自社商品やその関連技術の優位性を訴えるために発行するもの。市場環境や技術動向の分析、導入事例やベストプラクティスの解説、他社製品との詳細な比較などをまとめた文書であることが多い。

マーケティングオートメーション

マーケティング業務を自動化するために開発されたツールや仕組み。メールやソーシャルメディア、Webなどを活用して、マーケティング活動の効率化や、効果の向上を目指すもの。

メールマーケティング

メールベースのマーケティング。対象を広げたり限定したりしながら、内容・タイミングの最適化を図り、結果をもとに改善、という柔軟なマーケティングが可能。効果測定スパンがWebと比べて短いため、たくさんの効果検証が実施できる分析データの「宝庫」。

UX

User Experienceの略。ある商品やサービスを利用したり、消費した時に得られる体験の総体。個別の機能や使いやすさのみならず、ユーザーが真にやりたいことを楽しく、心地よく実現できるかどうかを重視した、一連の操作から得られる体験の総体を意味する概念。

ユーザビリティ

利用目的の達成のしやすさ、使い方や表示の明快さ、利用者（ユーザー）の満足度、といった要素。デザイン、機能、性能など、多くの要素がユーザビリティに関係する。

UU

Unique User（ユニークユーザー）の略。ある期間内において、同じWebサイトにアクセスしたユーザーの数のこと。ユニークユーザーの指標では、期間内に同じユーザーが何度訪れても、まとめて1回の訪問としてカウントするため、サイト利用者の正味人数を計測することができる。

ランディングページ

Webサイトの訪問者が、外部からそのサイトにやってくる際、最初に開くことになるページ。特に、他サイトに広告を出稿する際、リンク先として指定する自サイト内のページのこと。

リーチ

インターネット広告においては、ある広告が何人に配信されたかを表す指標。全ユーザー数に対する割合で表現されることもある。

リードジェネレーション
不特定多数に対して商品情報を告知して興味・関心を喚起するのではなく、自社の商品・サービスの購入に関心を示す個人や企業を見込み客として集め、情報提供や提案をして購入につなげる活動のこと。

リードタイム
発注から納品までに必要な時間。開発リードタイム、調達リードタイム、生産リードタイム、配送リードタイムに分解される。オペレーション品質を測定する４つの指標（スピード、正確性、コスト、継続性）のうちスピードを測るうえでの指標として使われる。

リードナーチャリング
見込み客に対して、アプローチを段階的に行い、徐々に購入意識を育てていくこと。BtoB分野では購買の意思決定において時間がかかり、集団で決断する傾向が強いため、見込み客との中長期的な関係作りが重要となっている。また、BtoC分野においてもマンション購入やウェディングなど、高額な取引や慎重に検討するサービスにおいてよく使われる。対象とする見込み客は、すぐに購入しようと思っているホットリードではなく、ちょっと興味・関心を持っていたり、情報収集段階のコールドリード。

リスティング広告
検索エンジンなどの検索結果ページに掲載される広告。特に、検索語と関連性の高い広告を選択して表示する広告。検索結果の表示に合わせ、テキスト広告となっていることが多い。

リターゲティング
行動ターゲティング広告の１つで、検索サイトやバナー広告などから訪れた訪問者のその後の行動を追跡し、再度表示させる広告。訪問者の行動に応じて興味の対象を絞り込み、効果的な広告を打てるため、通常のバナー広告よりもクリック率やコンバージョン率が高くなる。

リダイレクト
プログラムの入力元や出力先を通常とは違うものに変更すること。MS-DOSやUNIXで採用された機能で、WindowsではMS-DOSプロンプト（コンソールアプリケーション）で利用できる。OSにリダイレクト機能が用意されていれば、その上で動作するプログラムには複数の入力元や出力先に対応させる処理を埋め込まずに済む。このため、プログラム開発の負担が軽減でき、プログラムの再利用性も高まる。

離脱率
Webページのアクセス指標の１つで、そのページのページビューに対する、そのページを最後に別のサイトへ移動した人の割合のこと。サイトの訪問者全体に対する割合とする場合もある。離脱率が低いと訪問者を次ページへ誘導できているということであり、良いページとされる。

リッチ広告
リッチメディア広告とも言う。インターネット上の広告に、音声や動画を用いたり、ユーザーからの応答を受け付けられる仕組みを付加したりしたもの。

リッチコンテンツ
データ量の少ない文字や静止画だけでなく、音声や動画など様々なメディアの情報を統合して扱うこと。ユーザーの操作によって表示情報が変わるなど、インタラクティブ性を持っていることも多い。

リテンション
既存顧客との関係を維持していくためのマーケティング活動。既存顧客のニーズを吸収し、他の製品やサービスの案内を行うなどの方法で、定期的に既存顧客との接点を持つ。

リフト率
データマイニングの際の相関分析の指標の一つで、ある関連購買傾向の比率を表す。

リマーケティング
サイトから去ってしまった人を追いかけていく広告。Cookie（クッキー）を訪問履歴の把握に利用する手法。

レコメンド
ECサイトなどで、利用者の好みを分析し、利用者ごとに興味のありそうな情報を選択して表示する仕組みのこと。

YDN
Yahoo!ディスプレイアドネットワークの略。Yahooが提供するディスプレイ広告のサービス名称を指す。

One to Many マーケティング
ある商品を売るために、大衆を相手に広く宣伝するという手法。

One-to-One マーケティング
企業がマーケティング活動を行っていく際に、顧客一人一人の趣向や属性などをもととしたうえで、顧客に対して個別にマーケティングを行っていくという方法。

Index | 索引

本書内容に関するお問い合わせについて

このたびは翔泳社の書籍をお買い上げいただき、誠にありがとうございます。弊社では、読者の皆様からのお問い合わせに適切に対応させていただくため、以下のガイドラインへのご協力をお願い致しております。下記項目をお読みいただき、手順に従ってお問い合わせください。

●ご質問される前に

弊社Webサイトの「正誤表」をご参照ください。これまでに判明した正誤や追加情報を掲載しています。

正誤表　http://www.shoeisha.co.jp/book/errata/

●ご質問方法

弊社Webサイトの「刊行物Q&A」をご利用ください。

刊行物Q&A　http://www.shoeisha.co.jp/book/qa/

インターネットをご利用でない場合は、FAXまたは郵便にて、下記"翔泳社 愛読者サービスセンター"までお問い合わせください。
電話でのご質問は、お受けしておりません。

●回答について

回答は、ご質問いただいた手段によってご返事申し上げます。ご質問の内容によっては、回答に数日ないしはそれ以上の期間を要する場合があります。

●ご質問に際してのご注意

本書の対象を越えるもの、記述個所を特定されないもの、また読者固有の環境に起因するご質問等にはお答えできませんので、予めご了承ください。

●郵便物送付先およびFAX番号

送付先住所　〒160-0006　東京都新宿区舟町5
FAX番号　03-5362-3818
宛先　（株）翔泳社 愛読者サービスセンター

著者紹介

逸見 光次郎（へんみ・こうじろう）

1970年東京生まれ。学習院大学文学部史学科卒。1994年三省堂書店入社。神田本店・成田空港店などに勤務。1999年ソフトバンク入社。イー・ショッピング・ブックス(現　セブンネットショッピング)立ち上げに参画。2006年アマゾンジャパン入社。ブックスマーチャンダイザー。2007年イオン入社。ネットスーパー事業の立ち上げと、イオングループのネット戦略構築を行う。2011年キタムラ入社。執行役員EC事業部長、のちに経営企画オムニチャネル（人間力EC）推進担当。2017年ローソン入社、マーケティング本部本部長補佐。現在は独立し、オムニチャネルコンサルタント。店舗とネットを活用して、「いかに顧客満足を高めて買い物を楽しんでもらえるか」を追求し続けている。

撮影：坂井田富三

▶ 購入特典

本書をお買い上げいただいた方全員に、マーケティングの参考になる特典を差し上げています。詳細については、下記のキャンペーンサイトをご覧ください。

▼翔泳社キャンペーンサイト

https://www.shoeisha.co.jp/book/campaign/dkmr/

装丁・本文デザイン　植竹 裕（UeDESIGN）
DTP　佐々木 大介

デジタル時代の基礎知識『マーケティング』
「顧客ファースト」の時代を生き抜く新しいルール
（MarkeZine BOOKS）

2017年12月11日　初版第1刷発行

著者　逸見 光次郎
発行人　佐々木 幹夫
発行所　株式会社 翔泳社（http://www.shoeisha.co.jp）
印刷・製本　株式会社 加藤文明社印刷所

本書へのお問い合わせについては、206ページに記載の内容をお読みください。
落丁・乱丁はお取り替えいたします。03-5362-3705までご連絡ください。

ISBN978-4-7981-5404-6　Printed in Japan